鹿鸣心理

我们为什么要玩

玩是如何重塑大脑、激发想象力和改变自我的

〰〰〰

【美】斯图尔特·布朗 克里斯托弗·沃恩 著

郭怡 朱秋锦 译

重庆大学出版社

将此书献给我的孩子们：

卡伦，她给我带来了和谐的喜悦，我也将继续向她学习。

科林，他的生命因玩耍和娱乐充满力量。

巴里，他巧妙地将同理心和玩耍结合在一起，激励着我们所有人。

劳伦，她的无私、创新和有趣，向人们展示了生活可以是一个游戏场。

此外，还要感谢琼，他们的母亲，她让孩子们徜徉于爱中。

译者序

这是一本想要告诉我们"为什么要玩"和"怎样去玩"的书：

就像我们对食物、睡眠或性的渴望一样，玩乐的冲动是一种生物驱动力，由内在的需求产生的。

伴随着游戏的快乐，我们深层的生理、情感和认知能力得到了整合，体验了期待、惊喜、愉悦、理解、巩固和安宁，最纯粹地表达了我们的天性，最真实地展现了我们的个性。

光阴的故事告诉我们，在天真而蹒跚的童年期、激扬而困惑的青春期、收获而崩溃的中年期、恬淡而无奈的老年期，要想成为一个充实的人请记住玩乐的重要意义，并使它成为我们日常生活的一部分。

从生命最初的亲子关系，到有了白日梦、有了幻想、有了运动和艺术、有了可视化的虚拟现实、有了头脑风暴等等，玩乐是自然创造新的神经连接和协调认知困难的最好工具。创造新模式、发现不寻常、激发好奇心与观察力，都是在玩耍中培养的。

玩乐不仅对个人的幸福很重要，对同理心的培养、社会关系的维持和成为有创造力、创新精神的人亦至关重要。

当然，电子游戏成瘾，已经成为世界上不少国家和地区正应对的问题；以玩乐之名来施虐或残忍对待他人，更是隐藏在"玩乐"下的糟粕。

在一个不可预测、不断变化的世界里，我们从玩乐中学到的知识可以迁移到其他新的情景中，可以更好地了解世界、适应变化。这也是为什么我们在这样一个仍有战争、贫穷与灾难的世界，依然能看到希望。

作为心理学工作者，我们推荐此书。

建议大家先以愉悦和调侃的心态读一读此书，然后去做一个初学者，允许自己去玩乐；或者一如既往地，与那些志同道合的人一起沉浸在玩乐中。

我们常常听到、看到，有许许多多的成功人士，他们既是各个行业的标杆，同时也是令人羡慕的玩家。

我们生而会玩，为玩而生。愿你历经千帆，心灵总是放纵少年！

玩乐并不丧志！

最后，感谢学姐刘婷引荐我与重庆大学出版社敬京老师相识，感谢敬京老师对本书细致的编校，感谢湖北第二师范学院心理学专业的孙睿、王若翾、余易达、吴敏、王诗佳等同学参与本书翻译初稿的工作，更要感谢挚友武汉大学朱秋锦博士在校正中的辛勤付出。

郭 怡
2022 年于湖北第二师范学院

1 **为什么要玩?**

003　　第一章　玩耍的意义

014　　第二章　什么是玩乐,以及我们为什么要玩?

046　　第三章　我们为玩乐而生

---

2 **过好玩的生活**

075　　第四章　亲子关系中的游戏

119　　第五章　工作不是玩耍的对立面

149　　第六章　一起玩吧

166　　第七章　玩乐有阴暗面吗?

184　　第八章　世界在玩

1

为什么要玩？

第一章
玩耍的意义

在快要将轮胎融化了的内华达和犹他州沙漠的高速公路上行驶了五个小时后，我累坏了。我的金色拉布拉多犬——杰克也是一样。它趴在车的后座上，像个泄了气的球。我们旅程的最后十英里[1]走的是一条没有铺路石的、嘎吱嘎吱响的道路，这条路通往我堂兄艾尔的农场。因此又过了半小时，我才关掉引擎，此时一路扬起的灰尘几乎盖住了我们的车。

而奇迹就在此时发生了。

我打开车门想放杰克出来，它呆住了，每个感官都在颤抖。它将眼前所有的美景尽收眼底：一个明媚的八月天，四英亩的牧场，十二匹马，堂兄艾尔和他的四个孩子，以及两条狗，微风吹动白杨树叶沙沙作响，犹他州牧场上飘荡着干草和马的味道。这是狗狗的天堂！

半秒钟后，杰克飞奔出去，一个金色模糊的身影飞快地朝牧场奔去。它一路疾驰，又一路倒回，爪子在滑行转弯时扬起灰

---

1   每英里约为 1 609 米。——编者注

尘，然后又在相反方向飞快加速。它张大嘴巴，咧着牙笑，舌头耷拉在一边。

杰克毫无犹疑地冲进了动物群。我还在忧虑马儿们会作何反应，但似乎并无必要。倏地，马儿们也开始蹦跳嬉戏。仿佛我们——成人、孩童、狗与马都意识到杰克沉浸在玩耍的欢乐中。我们也都浸润在当下的快乐中。

之后杰克开始了自由自在的追逐游戏。它精力充沛，速度极快，从马追到人、狗、小马驹，然后再追到马。即便它肩上扛着另一只狗，并将其抛向空中，但速度依旧未减。那条被杰克抛出去的狗也转而加入到了追逐游戏中。孩子们兴奋得尖叫，追着正跑出数字八的杰克。很快大人们也跟着呼喊着跑了起来，甚至吸引来一些在旁观望的麻雀冲进战区。

这迷人而欢乐的时刻，难以预见，也十分短暂。三十秒后，马儿们四下散开，狗儿们仰躺在草地上，晾着肚子喘着气。我们时而屏息，时而大笑，都感到无比兴奋。紧张和疲劳早就离我们远去，孩子们也咯咯地笑。在这天剩下的时间里，我体验到了很长一段时间内未曾有过的轻松自在。

那天，杰克做了一个简短的演示，展示了多年的学术和临床研究所教会我的玩耍的力量。最明显的是，这种力量着实令人十分愉悦。它使我们充满活力，让我们生气勃勃。它可以减轻我们的负担，重唤我们天生的乐观精神，为我们带来新的可能性。

这些特征都是美好、令人欣喜且宝贵的，但这仅是开始。目前，许多神经科学家、发展生物学家、心理学家、社会科学家以及各方向的科学研究人员，都认为玩乐是一个有着深远意义的生物学过程。玩乐已在许多动物种中进化了亿万年，并促进了这些物种的生存。它塑造动物们的大脑，使其更聪明，有更强的适应性。对于高等动物而言，玩乐有助于同理心的培养，使得复杂的社会群体的出现成为可能。对我们而言，玩乐是创造力与创新的核心。

在所有的动物物种中，人类是最大的玩家。我们生而会玩，可谓为玩而生。我们玩耍时，是在最纯粹地表达我们的人性，最真实地展现我们的个性。我们感到最有活力的时刻，构成我们最美好记忆的时刻，往往是我们玩乐的时候，这是没有什么可值得大惊小怪的。

我在读 2001 年 9 月 11 日不幸离世人们的讣告时，深受感动。于是我开始收集这些深刻和扣人心弦的故事。很快，我就意识到人们对逝者记忆最深的是玩乐的时候或玩的活动。例如，2002 年 3 月 31 日的《纽约时报》讣告标题为："一位喜欢扔纸团的高管""一位弗兰克·扎帕的粉丝""草坪之王：用心的恶作剧者""爱笑的人"。标题之下往往是对一起与深爱的人玩耍时的回忆，这如同幸福的丝线串联起他们的生活，编织着他们的记忆，让他们紧密相连。

＊＊＊

我的整个职业生涯都是在研究玩乐，向公众传播玩乐的科学，并为诸多"财富500强"的企业提供如何将玩乐融入商业的咨询服务。我曾用各种玩乐的疗法帮助抑郁症患者。我经常与一些家长交谈，他们难免会对"对孩子来说，什么是健康的玩乐？"感到担忧与矛盾。我收集并分析了成千上万个我称为"玩乐史"的案例。我发现，成为一个充实的人最重要的因素在于记住玩乐的意义，并使它成为我们日常生活的一部分。玩乐的能力不仅对幸福很重要，对维持社会关系和成为有创造力、创新精神的人亦至关重要。

如果这看起来有夸张之嫌，试着想想没有玩乐的世界会是什么样子。这不仅是缺少比赛或运动。没有玩乐的生活如同生活中没有书，没有电影、艺术、音乐、笑话和戏剧故事。试着想象一个没有调情，没有白日梦，没有喜剧，没有讽刺的世界，这样的世界将相当严酷。广义上讲，玩乐使人们脱离世俗。我有时会将玩乐比作氧气——它就在我们身边，但在它消失之前，大多数人并不会注意到或欣赏到它。

在我们生活当中，玩乐是怎么样的呢？几乎我们每个人都可以很自然地开始玩乐。孩子无需学习便知如何玩耍。他们只是找到他们喜欢的，然后就去做。无论玩耍的"规则"如何，我们可以向玩伴学习。通过玩耍，我们了解到这个世界是如何运作的，以及朋友之间是如何相互影响的。通过玩耍，我们了解到这个世界在树屋、旧轮胎秋千或蜡笔中所赋予的神秘与刺激。

然而，随着年龄增长，我们会因玩耍而感到内疚。我们被告知玩耍是无用、浪费时间甚至是罪恶的。保留下来的游戏，例如体育联赛，大多是有严格组织的竞技类活动。我们往往竭力保持高效，倘若一项活动没有教会我们技能，没为我们盈利，或者没有赢得老板的欢心，那么我们就会觉得我们不该做。有时纯粹的日常生活需要似乎剥夺了我们玩耍的能力。

怀疑论者会说："这是废话。一直玩，当然会开心。但对我们这些并不富裕、尚未退休，或两者兼有的人而言，根本没有时间玩。" 他们还可能会说，如果真的屈服于享受自由玩耍乐趣的欲望，那么他们将永远不会完成任何事情。

事实并非如此。我们并不需要一直靠玩耍获得满足。事实是，大多情况下，玩乐具有催化作用。只要一点点实实在在的玩乐，会让我们终身受益，让我们在做任何事情时都更高效与幸福。

其中一个例子是成功的商业地产公司的首席执行官劳蕾尔。在快三十岁的时候，劳蕾尔结了婚，有了两个孩子，同时有了自己的事业。她与丈夫亲密无间，她也很喜欢自己四岁和十岁的孩子。她认为自己是幸福和幸运的。

她的生活如同涡轮引擎般持续地忙碌着。她五点起床，通常在单数天跑四五英里，在偶数天游泳、举重。她周末不工作，所以能有足够的精力与支持她的丈夫、孩子、教堂和亲密的朋友们共度"美好时光"。

她觉得自己在玩乐与工作之间保持着健康的平衡。但一过四十岁，她开始害怕自己的日程安排。她尚未觉得有必要放弃任何既定安排或者放松下来。但她逐渐意识到，虽然她和丈夫、孩子们在一起很开心，对工作也充满热情，但她还是失去了……快乐。

于是劳蕾尔开始寻找快乐去了哪里。她回想起最初快乐的记忆，意识到自己的快乐与马相关。当她重建起自己的玩乐史时，她意识到当她第一次看到马时，就被它深深地迷住了。她蹒跚学步时就喜欢在木马上蹦蹦跳跳。她最美好的记忆之一是七岁的时候和后院里的马交上了朋友，并偷偷骑它。她会用胡萝卜引诱马到栅栏前，哄着它，然后不用马鞍直接爬上去，而马的主人和她的父母对这件事完全不知情。对于一个七岁的孩子来说，这样的骑行虽然很危险，但却让她感受到了自己的力量。后来她开始在马厩附近闲逛，逐渐成长为一名熟练的女骑手，并在成年后作为职业骑手参加比赛。最终马术表演让她精疲力竭，于是她选择了在婚姻和事业中安定下来。

而她现在意识到她渴望的"只是骑马"而已。

劳蕾尔决定将其付诸现实。她租了一匹马，又开始骑起来。她再一次爬上马背的瞬间，喜悦兴奋的感觉又回来了。现在她每周都会留出时间骑马。

自从她把骑马游戏融入到她的生活中后，最让她吃惊的是，她现在感觉生活的其他各方面都变得更完美了。她经常骑马，甚至偶尔还会在当地的小型表演中骑马。在照顾马的过程中，她体验到了一种"非理性的幸福"，这种幸福已经溢满至她的家庭和工作生活中。日常生活中的琐事似乎也不再难以应付。

她同样也讶异自己与丈夫的关系有了微妙的转变。"现在一切都更简单。我现在会希望能和丈夫有更多的交谈。"劳蕾尔说。在重新发现骑马这项游戏前，她与丈夫的讨论或是对预期的难题作何防御，或是思考需要做的事情。"感觉更像是工作分配，而不是夫妻间的对话。"

在一些办公室里，玩乐逐渐被认为是成功的重要组成部分之一。我所指的不仅是在休息室放几张乒乓球台。会玩乐并将这种情绪带到办公室的员工，能很好地完成与工作相关的任务，即便任务起初看起来与玩乐毫无关联。

举个例子，加州理工学院的喷气推进实验室（JPL），七十多年一直是美国首屈一指的航空航天研究所。JPL的科学家与工程师设计和操控着这个时代载人与无人飞行器的主要部件，构想、建造与运作了各类复杂的项目，如登陆火星并探索火星表面多年的飞行器。你可以这么说，JPL创造了太空时代。无论是多么宏大与雄心勃勃的目标，我们都可以相信研究人员所说的话："我们可以实现。"

但是在20世纪90年代后期，实验室的管理层说："JPL遇到了麻烦。"新世纪即将到来，那些20世纪60年代加入实验室的工程师和科学家们，他们实现了登月并制造出探索太阳系的机器人探测器，却即将大批退休。JPL很难找到可接替他们的人才，虽然JPL雇用了诸如麻省理工学院、斯坦福大学，甚至加州理工学院等大学顶尖工程学院的优秀毕业生，但这些新员工往往缺少点什么。他们不太擅长解决某些对工作至关重要的问题。经验丰富的管理人员发现，新晋工程师可能很擅长处理工程学前沿的理论和数学问题，但他们在将复杂项目的理论转化为实践时却表现不佳。他们与前辈们的不同之处还在于，这些年轻的工程师无法发现研究中复杂系统的关键缺陷，无法将问题分解、拆分，梳理出关键部分，以创新方式重新排列，从而找到解决方案。

为什么JPL雇错了工程师？JPL雇用的这些工程师的确在最高学府里有最漂亮的分数，但学术成绩显然不是衡量毕业生问题解决能力的最重要的标准。身为优秀工程师的JPL管理层分析了这个问题，并得出结论：他们招聘时所关注的重点不当。他们认为，如果有正确的衡量标准，是可以区分开擅长问题解决与不擅长问题解决的求职者的。

之后JPL负责人发现了内特·琼斯。琼斯经营着一家专产精密赛车与F1赛车轮胎的机械加工厂。琼斯发现许多新来工厂工作的孩子也不能很好地解决工作中的问题。琼斯与他身为教师的妻子就想要了解这到底是因为什么。在询问了新员工与年长员工后，琼斯发现，那些在成长过程中乐于动手工作与玩耍的员工能够"看到解决方案"，而不愿动手工作的员工则不能。琼斯写了一篇文章介绍他的发现，这引起了JPL管理层的注意。

JPL管理层转而通过观察退休的工程师，发现了类似的模式。他们发现那些善于解决问题的员工，在年轻或稍年长时期都曾经拆开钟表看其如何运转，或是制作肥皂盒赛车，或是制作高保真音响，或是修理电器。有过同样经历的年轻一代工程学院的毕业生，他们同样乐于动手，也擅长解决管理层提出的各类问题。没有类似经历的便不会如此。从那时起，JPL开始对申请者年轻时所实践的项目进行提问，并广泛应用至求职面试中。

劳蕾尔的经验、JPL管理层的调研共同说明了玩乐的魔力所在。看似微不足道甚至幼稚可笑的事情最终对人们却有所裨益。这很矛盾，一点"非生产性"的活动居然可以让人在生活中的其他方面更有生产力与活力。当一项活动，有如马术之于劳蕾尔，唤醒了人最深层的真实本质，就有如催化剂一般，使其他所有事情也都活跃起来了。

一旦人们理解了玩乐的功用，就可以试着将兴奋与冒险感带到生活中，让工作成为玩乐的延伸，以此促使自身充分融入世界。

我认为"玩乐可以拯救生活"这句话并不夸张。玩乐确实挽救了我的生活。没有玩乐的生活是一种折磨，其仅仅是一种围绕着生存所必需的事情而组织起来的机械存在。玩乐是搅动饮料的吸管。玩乐是所有艺术、比赛、书籍、体育、电影、时尚、乐趣与奇迹的基础——简而言之，它是我们称之为文明的基础。玩乐是生活中最重要的要素，它为生活注满活力。

当人们了解了他们的核心真实，并按我所称的"玩乐人格"生活时，他们的生活总能展现出不可思议的能力与优雅。英国教育家肯·罗宾逊爵士曾经说，在音乐剧《猫与歌剧魅影》的编舞吉莉安·琳妮的生命中就存在着这种力量与优雅。罗宾逊曾在写《顿悟》时采访过她。《顿悟》是一本介绍人们如何发现自己人生道路的书。琳妮向他讲述了自己在20世纪30年代的英国长大的经历，当时她在学校表现得很差，因为她总是坐立不安，从来不专心上课。"我想如果是现在，人们可能会说当时的你是多动症，但那个时候的人们并不知道这种病，"罗宾逊揶揄道，"这个病在当时还不能确诊。"

然而，学校却告诉琳妮的父母，说她有智力障碍。琳妮便与母亲一起去看医生。当医生和琳妮谈论学校事情的时候，琳妮则将自己的手放在屁股下面，以尽量不表现得坐立不安。二十分钟后，医生要求琳妮妈妈跟他一起到走廊上单独谈谈。二人离开办公室前，医生打开了收音机。当他们站在走廊里的时候，医生透过窗户指着办公室，并将母亲的注意力也吸引到了琳妮身上，他说："看，你女儿没病，她是个舞者。"原来，二人一离开，琳妮就站了起来，随着音乐摆动。

医生建议让琳妮报名参加舞蹈学校。琳妮在舞蹈学校很高兴，因为她发现整个房间都是与她一样的人，都是如琳妮解释的那般——"需要摆动才能思考的人"。后来，琳妮成为了英国皇家芭蕾舞团的一名首席舞蹈演员，成立了自己的舞蹈公司，并开始与安德鲁·劳埃德·韦伯和其他制作人合作。

"这个女人参与制作了史上最成功的几部音乐作品，为千百万人带去欢乐，而且自身身价不菲，"罗宾逊谈道，随后他接着补充道，"当然，如果她现在还是个孩子的话，可能会有人给她吃药，告诉她冷静不要乱动。"

罗宾逊关于琳妮的故事，体现了她按照自身天性生活的力量与美丽——对琳妮而言，即过着充满动感与音乐的生活。如果她的父母与老师强迫她成为一名工程师，琳妮不会快乐，也不会成功。

* * *

说到底，这本书是帮助人们理解玩乐的作用，并利用它发现和表达真我。这本书是关于学习如何利用这种数百万年根植于我们身体中的力量，这种力量让我们发现最本质的自我，并扩大了我们的世界。我们生而玩乐，并通过玩乐来获得满足感和创造性的成长。

第二章
什么是玩乐，以及我们为什么要玩？

什么是玩乐？我不愿轻易定义

当我们谈论"玩乐"时，我们在谈论什么？尽管我已经对"玩乐"进行了数十年的研究，但一直以来，我都不愿给"玩乐"下一个绝对化的定义，因其形变幻多端。比如，用布满老茧的指头抓住悬崖峭壁，吊于几百英尺之上的高空，对有的人来说是激动狂喜；但对另一些人来说，却非常恐怖。又例如，有的人视园艺为极大欢欣，而有的人却觉得它劳累无趣。

我不愿给"玩乐"下定义的另一个原因是，从基本的层面来看，玩乐是一种非常原始的活动。玩乐先于意识与语言，即它发端于我们的意识及语言表达之前，是由古老的生理机制产生的。正如猫咪之间的打闹自然而然就会发生一样，对于人类而言，无需意识的参与，玩乐就可以进行。我们自不必说："好的，我要玩了。"玩乐与消化、睡眠一样，无需复杂的知识框架，便能以最基本的形式进行。

我不愿给"玩乐"下定义还有最后一个原因，那就是我认为"玩乐"是一种美，欣赏这种美的最好方式便是体验。在我看来，给"玩乐"下定义与解释笑话无异——分析本身便会掠夺其中的趣味。

但是，我的同事兼朋友，一位颇有成就的商业顾问——兰尼·文森特迫使我改变这一立场。当时，兰尼和我即将给惠普的工程师做报告。发言前不久，兰尼问我打算如何给"玩乐"下定义。而我重申了自己一贯的学术立场，回答道："我并不会使用绝对化的定义。玩乐是如此地丰富多彩，是前语言的，是前意识的……"

兰尼并不同意，他说："不给定义，就不能做报告。这些可都是工程师，他们是设计机器的。他们需要的是详尽的参数，然后将其处理成数据流。如果你不给出一个定义，他们会生吞了你的。"

当然，兰尼把工程师描绘成可怕的技术版保罗·班杨，只是夸张而已，但他基本是对的。工程师是职业的怀疑论者，对他们而言，好的事物与有用的想法，同自然法则一样恒久存在。工程师需在既定事实的基础上工作。他们往往认为，情感成分因太过模糊而没有用处。但是玩乐，不可避免地存在于满是情绪的环境中，理解这一点至关重要。我可以想象，如果没有基本的定义，他们会认为玩乐的范畴是模糊的，难以用知识框架去构建。

幸运的是，得益于自己科学的受训，我明白我需要一张清楚的图表。没有什么比图纸、图表和数据更能安抚这些坐立不安的技术人员了。考虑到这一点，我很快制作了几张幻灯片来展示玩乐的属性。其内容如下所示：

"玩乐"的性质：

明显的无目的性（为自己而做）

自发性

内在的吸引性

无时限感

自我意识的减弱

即兴发挥的潜力

持续的欲望

这些性质意味着什么？就像我对工程师们解释的一样，"玩乐"区别于其他活动的第一个特征就是它明显的无目的性。玩乐似乎没有任何的生存价值，它们对获得金钱或食物没有任何帮助，也不是为了任何实际价值而被完成的。玩乐本身就是为了自己，这也是为什么有些人认为玩耍很浪费时间。"玩乐"还具有自发性——它不具有强制性，也不是被义务所要求的。

"玩乐"也具有内在的吸引力，这一点很有趣。玩乐可以唤醒某种心理状态（如行为主义科学家所说的那些令人兴奋的事物），它让你感觉良好，也是治疗无聊的良方。

"玩乐"让人有无时限感。当我们完全沉浸在玩耍的过程中时，我们会失去对时间流逝的感觉。我们同样也体验到了自我意识的减弱，不会再为我们是否好看、聪明或者愚蠢而担心。我们停止思索自己冥思苦想的一些现实，在富有想象力的游戏中，我们甚至可以成为另一个不同的自我。我们完全沉浸在此时此地，经历着心理学家米哈里·契克森米哈伊[1]所说的"心流"状态。

"玩乐"的另一个特质是它具有即兴发挥的潜力。玩乐让我们并没有拘泥于死板的做事方式，反而会对一些意外发现和机会敞开心扉。我们愿意在玩乐中加入看似不相关的元素。玩乐本身可能就在"正常"活动的范畴之外，其结果是我们会偶然发现一些新行为、想法、策略、运动或者存在方式。在玩耍的过程中，我们在用一种不同的方式看待事物，并由此产生新见解。例如，一名在海滩边玩耍的艺术家或者工程师，在建造一个沙滩城堡时可能会对他们的工作产生新想法；一个参与茶话会游戏的孩子可能会开始明白，良好的礼仪和社会习俗可以提供安全感和权力，而不是某种强加在他身上使其感受到不舒服的东西。这些新看法不是他们玩乐的原因，但却是玩乐带来的结果，你永远不会知道当你玩耍时会发生什么。

最后，"玩乐"让人有持续的欲望。我们渴望继续，玩乐体

1　米哈里·契克森米哈伊（Mihaly Csikszentmihalyi）：芝加哥大学心理系和森林湖学院社会人类系前主任。他把"心流"描述为因为做事情本身而完全投入的状态，即全身心投入，最大限度地运用你的技能。——译者注

验所带来的乐趣驱使着我们想办法让它继续下去。如果有什么东西威胁着要停止这种趣味，我们就临时制定新的规则或条件，以让玩耍不必结束。而当它结束时，我们会想再玩一次。

在我看来，这些性质使玩乐具备了自由的本质，那些最束缚你或者限制你的，包括实际的需要、遵守既定规则的需要、取悦他人的需要、利用好时间的需要，所有隐藏在自我意识中让人内疚的东西都被消除了。玩乐本身就是一种奖励，一种存在的理由。

我也向工程师们展示了一个由史考特·埃伯利建构出来的"玩乐架构图"。埃伯利是一位卓越的游戏历史学家，也是纽约州罗切斯特市斯特朗国家玩乐博物馆[1]负责解说的副馆长。埃伯利认为大多数人在玩乐中都要经历六步。虽然我和他都不认为每个玩家都会按照既定的顺序经历这些阶段，但我认为用这种方式思考玩乐是有益的。埃伯利认为玩乐包括了以下几个方面：

期待　带着期盼等待，想知道会发生什么，感到好奇，也有一点焦虑。也许是因为玩乐中会有一点不确定性或者风险，尽管这种风险不会太大，并不至于淹没快感，比如我们能击中棒球并且安全上垒吗？这会让……

惊喜　意想不到的发现，新的感觉或想法，或者视角的转变。这将会产生……

1　斯特朗国家玩乐博物馆（Strong National Museum of Play）：位于美国纽约州罗切斯特市，它是美国纽约州罗切斯特斯特朗教育机构的一部分。该博物馆建立于 1969 年，最初是在罗切斯特当地知名收藏家玛格丽特·伍德布瑞·斯特朗个人收藏的基础上成立的。——译者注

愉悦 一种很棒的感觉，就像我们因为一个好玩的笑话中意想不到的包袱而感到快乐一样。接下来我们会……

理解 学习新知识，综合不同和独立的概念，是一种结合外来思想的过程，这会导致……

巩固 对建设性经验的掌握和理解，一种安然度过一段可怕经历的力量，了解更多关于世界是如何运转的知识。最终，这会带来……

镇静 优雅，满足，镇定和获得生活的平衡感。

埃伯利将把它们比喻成一个车轮，一旦我们达到平衡，我们就准备好迎接一个新的期待，从头再来一遍。

当我在屏幕上播放这些幻灯片时，我看到工程师们渐渐放松下来，就像他们已经迷路了，但现在又捕捉到了熟悉的路标。接下来的谈话进行得十分顺利，之后，他们很多人告诉我，他们有了看待"玩乐"的新视角。

荷兰历史学家约翰·赫伊津哈[1]为"玩乐"提供了另一个很好的定义。他将其描述成"一种有意识地脱离'普通'生活之外的自由活动，被认为是'不严肃'的，但同时，它也能够完全地、强烈地吸引玩家。简单说，这是一种与物质利益无关的活动，也就说人们从中不能得到任何利益。玩乐在自身合理的时空边界内，按照固定的顺序和有序的方式进行。同时，它促进了社会群体的形成，这些群体通常倾向于将他们自己包围在秘密中"。

1　约翰·赫伊津哈(Johan Huizinga，1872年12月7日—1945年2月1日)，荷兰的语言学家和历史学家，首先提出了"均衡论"，随后又提出"游戏论"。——译者注

约翰的定义与我在很多时候使用的定义是一致的，尽管我不认为"规则"需要被固定，甚至都不需要存在任何规则。但我确实同意"玩乐"通常会促进社会互动，并且能促进新的术语和习俗的产生。新的术语和习俗可以将一个群体区分开，而并不一定需要提高私密性。事实上，"玩乐"的一个特性是任何人都可以参与。

最后，对我来说，所有的这些定义都还很不够。我可以制作上千张充满图形、表格以及文字定义的幻灯片，但只要不能记住玩乐的感觉，就无法真正理解玩乐。如果我们不从科学角度来考虑玩乐时的情绪，这就像举办一个只提供食物照片的晚宴。客人们可以获得所有他们感兴趣食物的外观信息和味道描述，但直到将食物放入嘴里之前，他们都不能真正地品尝到这顿饭的味道。

我有时候发现仅仅几张孩子玩跳房子游戏，或者猫玩绳子，又或者狗捡东西的幻灯片，就能创造出比世界上任何统计分析都要多的关于"玩乐"的理解和认知。

我们为什么要玩？

哈德森的处境非常不妙。当布莱恩·拉·杜恩看到一只重1 200磅的北极熊快步穿过雪地，径直朝他营地外的雪橇犬走去时，他感到十分忐忑不安。那年11月，加拿大最北部的北极熊都饥肠辘辘，由于海洋还没有结冰，所以北极熊无法从冰面捕捉到它们想要的海豹。拉·杜恩一生中的大部分时间都是在北极熊的领地里度过的。从这只熊的外表判断，他知道它已经好几个月没有吃东西了，只要咬住头骨或者用爪子猛击一下，这只熊就能在几秒钟之内轻而易举地撕碎一只他的狗。

但哈德森还想着其他的事情。哈德森是一只六岁的加拿大爱斯基摩雪橇犬，是拉·杜恩的所有的狗里面比较嚣张的一个。当北极熊逼近时，哈德森既没有吼叫或者逃跑，反而摇了摇尾巴，鞠了一躬，这是一个典型的游戏信号。

令拉·杜恩吃惊的是北极熊竟然回应了哈德森的邀请。熊和雪橇犬开始在雪地里嬉笑打滚，它们都张着嘴而不露出牙齿，用"轻柔"的眼神交流着，并且把颈毛压平而不是竖起——所有这些都表明彼此对对方来说都不会是威胁。

回想起来，甚至在它们接近之前，游戏信号就已经出现了。北极熊大摇大摆地接近哈德森，它的移动轨迹是曲线的，而不是具有攻击性的直线。

　　当捕食者追踪猎物时，它们会紧紧盯着猎物，然后直接冲向它。然而当北极熊接近哈德森时，它和哈德森却正使用一系列迂回的动作交换着玩的信号。

　　北极熊和哈德森尽情地嬉闹着，有一次北极熊不得不肚子朝上躺下——这是动物王国中一个表示"暂停"的通用信号。在它们一次嬉戏时，北极熊停了下来，深情地拥抱了哈德森。

　　十五分钟之后，北极熊走开了，依旧是饥肠辘辘，但是与哈德森的玩耍似乎已经满足了它迫切需要的欢乐。

拉·杜恩简直不敢相信他刚刚看到的一切。然而更让他吃惊
的是，第二天同一时间这只北极熊又来和哈德森玩了。到了第三
天，拉·杜恩的同事们已经听说了这场跨越物种的嬉戏，他的营
地里挤满了渴望一睹北极熊和哈德森的游客。在接下来一周里的
每个晚上，北极熊和哈德森都会上演游戏之约。直到海湾上的冰
层变厚，足以让食不果腹但是又无比快乐的北极熊回到它的猎场
捕食海豹。

那么在动物的天性中，究竟是什么可以强大到让它们能够克

服饥饿和生存本能呢？两个无法和平相处的物种如何能够充分了解对方的意图，并且在任何误解都有可能导致致命后果的情况下打闹玩耍呢？当我着手研究这些问题时，我发现"玩乐"是一种贯穿自然界的极其强大的力量。一言蔽之，它在很大程度上是我们作为有感情的智慧生物的主要原因。

理解"玩乐"的生物学原理

就像北极熊和加拿大爱斯基摩雪橇犬一样，我们也可以在人类身上看到玩耍的冲动。当我还是一名医学生，在休斯敦市的贝勒医学院的得克萨斯儿童医院里的儿科查房时，我获得了第一条关于"玩乐"的生物学重要性的科学线索。我们需要很早起床去查房，在黎明时分这里是一个令人很不安的地方，仅仅只有几个成年人，除了生病的孩子和维持他们生命的机器发出哔哔声和嗡嗡声以外，这里没有其他的声音。

被送进医院的孩子们大部分情况都很严重，他们患有先天性疾病、代谢紊乱或严重的传染病，如脑膜炎。我记得有一个两岁左右的孩子，患有淋巴细胞性脉络丛脑膜炎，这是一种潜在的致命性病毒感染，且无法使用抗生素进行治疗。我们不得不通过静脉注射来维持他机体的重要功能，并且通过一系列的实验设备来监测他，以希望他的状态能够好转而不是继续恶化。

像大多数刚刚从重病中康复的孩子一样，他对外界刺激没有太多的反应。但是一个早晨，当我到他的房间查房时，我跟他打招呼："你好，伊万。"他回我一个大大的微笑，并向我伸出双手。他的微笑是欢乐重新出现在他生活中的标志，也是在邀请我来感受他的这种快乐。我又对他回以微笑并握住了他的手。当天晚些时候，我检查了他的化验结果，并没有表现出任何变化，但是第二天，测试结果表现出改善的迹象。

让我感到好奇的是虽然所有的医学指标都没有显示出任何变化，但伊万的身体却发生了改变。在某种无法用医学检验衡量的情况下，伊万糟糕的身体情况出现了好转。首先恢复正常的并不是他的血糖、心率、血压、血液电解质、细胞计数或其他25个"客观"指标中的任何一个，而是他的微笑。微笑不仅仅是为了缓解身体的不适，更是一种游戏的信号。当一个人对另一个人微笑时，他们就是在主动出击，发出一个明确的游戏邀请，就像狗狗鞠躬一样。伊万重返健康的第一个明显的标志就是发出游戏的邀请。

虽然我注意到了这个令人惊讶的事实，但只是在我开始研究"玩乐"一段时间之后才开始真正理解它的奥秘。

接下来的几年里，我研究了各行各业的人——从杀人犯到商人、社会名流、科学家、艺术家甚至诺贝尔奖获得者，并且系统地描绘了他们独特的"玩乐"，即对"玩乐"在童年期和成年期所扮演的角色的回顾，以探明"玩乐"对他们生活的影响。另一方面，我还研究了得克萨斯州监狱里的杀人犯，并发现在童年期玩耍的缺失，和其他预测犯罪的因素同等重要。我也记录了有反社会行为风险的受虐儿童，这种暴力倾向可以通过玩耍而减弱。

动物王国里的"玩乐"

到20世纪90年代，我已经广泛地研究了人类"玩乐"以及它的缺失所带来的影响。但我逐渐开始意识到，如果我真的想要搞清楚"玩乐"给我们带来了什么，我必须要弄清楚它在其他物种中是怎么回事。因此我不得不把这种行为放到生物学和进化的视角下研究。有时候我会说我就像詹姆斯·米切纳[1]，他的书《夏威夷史诗》[2]以数百万年以前海床上冒出的岩浆为开端，用酒店里的草裙舞作为结束。我需要着眼于大局，着手于细节。

有趣的是，在那个时候，研究人类"玩乐"的学者们通常不会和研究非人类动物"玩乐"的人交流，尽管这两者之间存在着共性。我想把人类和非人类的研究整合在一起，以便更好地为进化生物学中的"玩乐"科学奠定基础。我找到了一位研究动物玩乐行为的著名专家，他是一位特立独行的学者，名叫鲍勃·费根。费根一丝不苟地汇编了世界上关于动物玩乐的知识，例如从土豚到松鸡（麻雀）。因为他在动物行为学、数理统计学和生物学方面的背景，他是世界上研究动物玩乐行为的本质及其进化过

1　詹姆斯·米切纳（James Michener），美国作家，普利策奖得主、历史小说教父，被誉为"20世纪历史的编年者"。——译者注

2　这本书主要记录了人类的爱、暴力、性、罪恶，以及整个人类的历史都在这座岛屿上波澜壮阔地上演。——译者注

程方面的顶尖专家。除此以外，他还开展了世界上持续时间最长的动物野外玩乐行为的观察。

1989年，我第一次联系了费根和他的妻子约翰娜，希望找到一些关于动物玩乐的答案。这也就是为什么在1992年夏天，在国家地理学会的支持下，我可以和费根在他的阿拉斯加金钟岛的研究基地上，一起站在一颗高三十英尺的古老柏树下。十年来，费根和约翰娜部署了摄像机、Questar望远镜[1]和电脑程序，以实现对岛上的灰熊进行近距离的监测。在这个过程中，他们完成了持续时间最长和最复杂的野生动物玩乐研究。

我很幸运能够从费根夫妇那学习到动物玩乐的知识，而且他们让我认识了二十八只经常聚集在小溪里的熊。费根细致的观察使他在科学界享有国际声望。

费根用胳膊肘推了推我，指着潮滩对面的小河出口，河水在那里流入西摩运河的内航道。我们乘坐着轻型飞机，向西南方的朱诺原始荒野飞行，行程大约一小时。两个星期以来，我们一直在观察那些正在进食的熊，它们肚子圆滚滚的，精神抖擞。鲑鱼正处于洄游的高峰期，小溪的出水口泛着淡淡的金色和银色，里面的狗鲑摆动着身体，还有逆流而上的粉色鱼。

远处的两只幼棕熊正穿过邻近潮滩的草地接近彼此。它们的耳朵微微向后打开，眼睛睁得大大的，嘴巴也张开了，然后开始了一场有趣的摔跤比赛。这场比赛持续了好几分钟，横跨了整个

---

1 美国制造的望远镜，年代为2002年。——译者注

区域。两只小熊在急流中进进出出，溅起水花，穿过波光粼粼的水潭，绕圈，旋转，然后站起来，彼此靠在一起，跳起直立的舞蹈。它们不时停下来，看着水面，然后就像在指挥大师的带领下似的，嘴对嘴，头对头，身体对身体，爪子对爪子，敏捷地表演着熊的游戏。它们仿佛吸入了一种充满了欢乐的宇宙迷雾，然后陶醉其中。

我知道费根对动物玩乐有着渊博的知识，由于我对刚才那无拘无束的快乐场景充满了兴趣，我问道："费根，为什么这些熊要玩?"

他犹豫了一下，头也没抬地说道："因为有趣。"

"不，费根，我是说从科学的角度来看，它们为什么要玩?"

"为什么？鸟儿为什么唱歌，人们为什么跳舞呢？为了……享受这些带来的乐趣。"

"费根，你有哈佛大学和麻省理工学院的学位，还有关于熊的深厚知识。你是一名研究进化论的学者，而且还写了关于所有哺乳动物玩乐的权威著作——我知道你有更多的见解，告诉我，动物为什么要玩?"

在忍受了一段长时间的沉默后，费根让步了。这就像一位敏感的艺术家要向一个没有品位的傻瓜解释一幅崇高的画作一样。他不情愿地回答说："在一个不断呈现独特挑战和不明确性的世界里，玩乐为这些熊在这个不断进化的星球上生存做好了准备。"

就像费根和很多其他研究"玩乐"的学者一样，我更愿意从玩让生活变得美丽、充满快乐和乐趣的视角来解读，而不是着眼于玩的效用的具体细节。我们更应该研究在野外飞行的天堂鸟，而不是把它击落并解剖。关于玩乐的一个美妙之处就在于，玩乐的一个重要元素便是其明显的无目的性。但是"玩乐"真的是没有目的的吗？我跟随费根在阿拉斯加的原因，是因为我在调查自然学家和动物行为学家是如何理解动物王国中玩乐的作用的。费根的意思是，他也讨厌带着目的地玩，但经过长时间的研究和反思后，他发现玩乐似乎终究还是带有目的性的。

玩乐在动物世界里是非常普遍的。费根和我所观察到的这种打闹的例子在熊群中是经常出现的，在社会性哺乳动物和聪明的鸟类中，这种情况也很常见。在豹、狼、鬣狗、老鼠、猫和狗之间，游戏打闹只是成长过程中的一部分。但有一些动物似乎会一直玩到成年。比如，成年渡鸦曾被观察到从积雪的斜坡上滑下来，又再次飞回山顶而后再次滑下来；野牛会反复地跑到结冰的湖面上，开心雀跃地用四肢滑行，同时发出欢愉的叫喊声；河马会在水里一遍遍地表演后空翻。

以前我和其他一些研究人员认为玩乐行为只存在于哺乳动物、鸟类以及一些爬行动物中，而低等动物是不具备的。但研究动物玩乐的专家已经建立了界定玩乐行为的详细标准，而且在进化链很靠下的地方，似乎仍然能够找到这种行为的存在。章鱼古老的进化轨迹与人类相去甚远，是神经科学中研究最多的生物之一。当动物行为学家们观察到章鱼"放松地、古怪地操纵物体"，尤其是它似乎在进行一种寻求刺激的行为时，观察者们别无选择，只能说这种行为契合玩乐的定义。在某些领域生存的鱼群似乎把吐泡泡当作游戏。受人尊敬的蚂蚁专家爱德华·O.威尔逊[1]认为蚂蚁也会进行打闹。现在我理解了我从未想象过的"玩乐"的性质。

有目的地玩

再一次重申，"玩乐"的一个特性便是它的无目的性。但是"玩乐"在自然界中的普遍存在表明，这项活动终究还是有一定的目的的。动物没有太多浪费行为的余地，它们大多数生存在艰苦的环境中，它们必须为寻找食物、与其他物种竞争以及成功交配而争斗。它们为什么要把时间和精力浪费在像玩乐这样没有意义的活动上呢？有时候玩耍的活动甚至很危险。山羊沿着高数千英尺的岩壁欢快地奔跑，有时会摔下来，山羊妈妈可能说："在有一只羊受伤之前，一切都是有趣的。"

作为一名科学家，我知道一个在人类文化和进化史中普遍存在的行为，很可能具有一定的生存价值，不然，它就会在自然选择中被淘汰了。在其他条件相同的情况下，不喜爱玩的山羊会生存得更好（它们不会因为做一些无用的事情而从悬崖上掉下去），也能更成功地传递它们的基因。随着时间的推移，如果玩乐行为不能带来任何好处，那么顽皮的山羊就会被不喜爱玩乐的山羊后

1　爱德华·O.威尔逊（Edward O. Wilson），美国生物学家，社会生物学的主要开创者。

代挤出基因库。但是事实并非如此，所以"玩乐"一定存在一些优势，能够抵消顽皮山羊的死亡风险。

事实上，科学证明"玩乐"是有意义的。在超过十五年详细地记录了阿拉斯加灰熊的玩乐行为后，费根夫妇分析了结果，并且将"玩乐"从其他行为中区分了出来（观察基线和统计分析是不易总结的，但他们非常仔细，构建了具有统计学意义的数据）。他们发现最贪玩的熊往往是生存状况最好的熊，尽管玩会占用它们的时间、注意力，以及做其他事情的精力，例如像吃东西这种看起来似乎是对熊的生存更加有利的行为。

真正的问题是，玩为什么以及是如何发挥作用的？一个主流理论的观点是玩只是为了练习将来所需要的技能。该流派认为当动物打闹时，他们正在为之后真实的打斗和狩猎做训练，原来没有玩耍经历的猫也能很好地捕猎。但这些猫做不到而且也永远学不会的就是成功地社交。猫和其他的一些群居哺乳动物，比如老鼠，如果完全地失去了玩耍的机会，那它们将难以区分朋友和敌人，由此会在社会信号上产生误判。而且它们要么表现得过于好斗，要么表现出不愿参与正常社会活动的退缩行为。在模拟战斗的一来一往中，猫正在提升丹尼尔·戈尔曼所说的情商——一种感知他人情绪状态并做出适当反应的能力。

"我相信玩教会年幼的动物做出正确的判断，"那天在阿拉斯加，鲍勃·费根告诉我，"例如，打闹可以让熊学会什么时候它可以信任另一只熊，如果情况变得太暴力，它可以知道什么时候需要自卫或逃跑。'玩'为生活中的挑战和不确定性提供了'假装'排练的机会,在这种排练中,生与死都没有受到威胁。"

玩可以让动物们了解它们的生存环境,以及与朋友和敌人交战的规则。有趣的互动可以让人们自由地演练社交群体中必要的正常交流。在动物世界里,经常可以看到小猫、小狗或幼崽嬉闹地扑过来咬妈妈。这种猛扑的做法可能会在以后的打斗或狩猎中很好地帮助它们。同时,更重要的一课可能是学会了如何在兄弟姐妹面前炫耀,或者知道妈妈在失控前的忍耐度。

在人类世界,言语上的比拼可能会取代身体上的混战。孩子们在玩耍时,可以探索友好的调侃和刻薄的嘲弄之间的界限,了解这两者的区别,并学会在界限被打破时如何应对。成年人在鸡尾酒会上也会学习相似的社交礼仪,例如怎样与他人相处,或者如何显得友好。

玩乐与大脑

经常玩的动物很快就学会了如何在它们的世界驰骋以及适应它们的世界,简单来说,它们更加聪明。加拿大莱斯布里奇大学的神经科学家塞尔吉奥·佩里斯和澳大利亚墨尔本市的莫纳什大学的神经科学家安德鲁·伊瓦努克以及生物学家约翰·尼尔森报告说,哺乳动物大脑的大小和喜爱玩耍有很强的正相关关系。在他们的研究中,他们测量了从狗到海豚等十五种哺乳动物大脑的大小，并将它们的玩乐行为制成表格，这是迄今为止发表过的关于幼年生物玩乐行为的研究中涉及研究范围最广泛的定量比较研究。研究者们发现，当考虑到身体尺寸的差异时，大脑较大的物种（与体型大小相比）玩得更多，而大脑较小的物种玩得较少。

另一位著名的资深玩乐研究者雅克·潘克塞普已经证实，积极的玩耍活动可以选择性地激活杏仁核（处理情绪的地方）和背外侧前额叶皮层（处理执行决策的地方）的脑源性神经营养因子（刺激神经生长）。

约翰·拜尔斯是一名对玩乐行为进化感兴趣的动物玩乐研究者，他详细地分析了大脑大小与玩乐程度以及玩乐者在进化阶梯中的相对位置的关系。他发现：玩乐的次数和额叶皮层的发展有关。额叶皮层是负责我们认知功能的重要脑区，比如分辨与我们自身有关和无关的信息，监控和组织自己的思想和感情，以及规划未来。此外，每个物种的最长玩乐时间与小脑的生长速度和大小有关。小脑位于大脑的后下方，其包含的神经元比整个大脑的其他部分加在一起还要多。小脑的功能曾经被认为是身体协调和运动控制的基础，但通过新的脑成像技术，研究人员发现小脑还负责一些关键的认知功能，如注意力、语言加工、感知音乐的节奏等。

拜尔斯推测，在玩的过程中，大脑可以通过模拟和试验来理解自己，玩乐活动实际上有助于塑造大脑。在玩耍的过程中，大多数时候我们能够在不威胁我们身体或情感健康的情况下尝试一些东西。我们之所以安全，是因为我们只是在玩。

对人类来说，创造这样的模拟生活情景可能是玩乐最具价值的地方。在玩乐中，我们可以想象和体验我们从未遇到过的情境，并从中学习；我们可以创造从未有过但将来可能存在的情形，由此建立新的认知联系，并将它们代入到日常生活中；我们可以在不直面风险的情况下学习经验和技能。

那么我们该如何创造这些"模拟情景"呢？通过观看和参与体育运动、阅读书籍、故事分享、艺术、电影等。通过体会《卡萨布兰卡》中瑞克和伊尔莎注定失败的爱情，我们可以学到一些关于爱的知识，以及该如何带着荣耀和失去爱时的讽刺感生活。当我们真正关注自己喜欢的橄榄球队的胜败时，我们学会了坚持，以及如何以一种建设性的方式与我们的朋友争论（比如，关于谁是最好的四分卫）。当我们经历一个新的物理挑战，比如学习滑雪，我们可能会发现我们在山坡上滑行时学到的东西——像通过保持身体前倾来避免摔倒，并用同样的方式转弯，在商务谈判中，这些经验可能会成为一些重要的提醒，催促着你向前推进并承诺达成协议，否则谈判就可能会失败。

基于高技术性的研究和由此产生的推测，诺贝尔奖得主、神经科学家杰拉尔德·埃德尔曼[1]创建了一个关于新信息是如何功能化地整合到大脑中的理论。当我将他的观点与我对玩乐是如何塑造发育中的大脑的观察联系起来时，他所说的理论对我启发很

---

[1] 杰拉尔德·埃德尔曼（Gerald Edelman），一位美国生物学家，由于关于免疫系统的研究，而获得了1972年的诺贝尔生理学或医学奖。

大。埃德尔曼描述了我们的感知体验是如何在大脑中分散的"地图"上编码的，每个"地图"都是由相互连接的神经元所组成的复杂网络。例如，世界上存在着许多不同形状和大小的树，它们都被编码到一个共同的被称之为"树"的地图中。由此，这个地图可以帮助我们识别一棵树，即使我们以前从未见过这种树。通过这种方式，大脑构建了一系列丰富而灵活的地图，这些地图可以帮助我们识别无数种类的物体、声音、颜色以及社会环境等。

从这些地图中产生的认知概念并不是静态的，而是灵活可变的，也是有情感内涵的。我们依靠这个巨大的、有机发展的生命地图指引我们找到自己的发展道路。

这些地图的生命力依赖于我们积极而持续地编排无数的细节，而且这些编排贯穿于整个玩乐的过程中。例如，假装游戏的行为就像是涵盖了各种感知的大杂烩。想象一下，一个三岁的孩子坐在地板上，玩着一个毛绒玩具，并用不同的声音和它说话。这个孩子正在形成神经间的连接，随着这些连接被添加到不断增长的具备存储和映射功能的信息体中时，这些神经间的连接也变得越来越有意义。大脑地图之间丰富的连接是相互的，可能涉及数百万的组织。我认为这些相互关联的动态地图是由玩乐中的"状态"有效地丰富和塑造的。

至少在童年时期，撷取一个虚构的故事，并在一个嬉戏的环境中将其与现实的体验相结合的玩耍过程，形成了我们对世界运作方式的重要的个人理解。我们首先通过想象各种的可能性来模拟可能发生的事情，然后再用实际情况来检测。

虽然这种做法看起来似乎很幼稚，但仔细观察成人的内心故事（我们的意识流），我们会发现一些类似的东西。成年人的想象力也是持续活跃的，我们在我们的行为发生之前预测未来，并用我们行为带来的后果相检验。就像儿童一样，成年人的意识流通过模拟孩子般的想象游戏而丰富起来。我们也会做白日梦，幻想着未来发生的事情，即使我们并没有意识到。这些想法在我们的大脑中留下了印记。甚至有些人都不曾意识到他们在幻想着要居住在什么样的房子里，或者他们想要和谁结婚，但是大脑正在构建一个关于未来房子或未来配偶的概况。精神分析学家埃塞尔·珀森写道，通过治疗，一位来访者发现，他在商业上的效能很大程度上来自他反复想象自己在某个特定问题上可能进行的行动。当他真正开始洽谈的时候，他通常已经对任何突发事件都做好了充分的准备。

玩乐的妙处就在于，在玩耍的过程中，我们创造出了一些富有想象力的新认知组合，在创造这些新组合的过程中，我们找到了一些可行的方法。

一位研究水獭的生物学家决定训练一些水獭游过一个铁环，完成任务的水獭可以得到食物奖励。在水獭学会这一动作后不久，它们就开始在任务中加入自己的花样。它们向后游过铁环，然后等着看是否能得到奖励。一些水獭游过去，然后转身从另一条路游回来，有的游到一半就停了下来。在每次不同的尝试之后，它们就期待地等着看用这种做法来完成任务是否会获得奖励。

通过这些行为，水獭正在测试这个系统。它们学习那些玩耍的游戏规则，那些统治它们世界的规则。这些是它们并未深思熟虑就做的。水獭天生就非常顽皮，总是会被新鲜有趣的事物所吸引，它们天生追求新奇和避免无聊，所以就会用各种不同的方式来尝试完成任务。通过把玩乐和尝试结合在一起，水獭们能学到更多关于它们世界运作方式的知识，而不仅仅是简单地、没有错误地完成最初的任务，这是我们都可以学到的一课。这位生物学家遗憾地指出，多年来他一直试图努力让他的研究生们在自己的研究中使用这种有趣的调查方法，而他们还是采用死记硬背和机械思考的方式。

20世纪60年代，玛丽安·戴蒙德在加州大学伯克利分校完成了一项具有里程碑意义的研究。该研究也指出了玩在大脑发育中的重要作用。在一个温暖的冬日，我去拜访了戴蒙德，她是一

位迷人而亲切的女士，也是近半个世纪以来具有开创性的神经科学家。她揭示了神经发育的秘密，而当时几乎没有女性是顶级科学家，更不用说神经科学家了。

戴蒙德的名字在科学界之外并不广为人知，但她的工作却为每一位家长所熟悉。20世纪60年代初，戴蒙德和她的同事们进行了具有里程碑意义的实验，结果表明，在"丰富"的环境中长大的老鼠不仅变得更聪明，而且它们的大脑也变得更大、更复杂，大脑皮层会更厚、更发达——"灰质"是大脑中真正进行数据处理的地方。

人们很快对这个实验结果发挥了各种想象力：如果婴儿在一个环境优越的托儿所里长大，拥有很多彩色壁画和活动玩具，那他们的大脑也会经历超强的发育。

然而，戴蒙德告诉我的关于她实验的事情，让我看到了她的工作与普遍认识之间的重要区别。那些大脑变得更大、更复杂、更聪明的老鼠，并不仅仅是接触了更多种类的刺激，它们不只是被赋予有更多色彩的环境和更多有趣的声音。在最初的实验中，老鼠大脑发育的秘密在于，它们可以玩各种各样的老鼠"玩具"，并与其他老鼠社交。

"早期建立起的玩具和朋友的组合，是'丰富'环境的关键。"戴蒙德说。

可以自由玩耍是老鼠大脑发育的真正关键。它们扭打、撕咬、摔跤、探索并与玩具互动；它们对玩有所研究并邀请其他老鼠一起玩耍；这些都是它们积极去做的事情。老鼠并不是被动地融入它们周边有趣的环境。

对人类的婴儿来说，我们从这个研究中获得的经验不应该仅仅是给他们提供明亮的、多彩的、有趣的托儿所（尽管这也没什么坏处），而是还要为婴幼儿提供玩和社交的机会，即玩具和同龄人。玩和与父母的互动在婴幼儿的成长发育中是至关重要的，这些可以帮助他们充分地发挥潜力。

戴蒙德发现，只是改变环境或提供"丰富"的挑战还不足以促进大脑飞速地发展。在一系列的实验中，老鼠被要求穿过各种迷宫去寻找奖励，这种孤立的、非游戏性活动只能影响大脑中一个区域的神经生长，而不像玩那样能够促进大脑多方面的发展。

我认为有些家长和专家的部分困惑可能来自术语"丰富"（enrichment），这听起来与其说是一种玩乐活动，不如说是一种为孩子的营养餐添加的配料，而且实验也缺乏对玩乐方面的讨论。戴蒙德仍然认为"丰富"这个词很贴合老鼠们正在做的事情，同时她也承认，在描述实验时，她避免使用"玩"或"玩具"这样的字眼。

"早在20世纪60年代初，女性需努力奋斗才能被像科学家一样认真地对待，"戴蒙德说，"人们已经把我当作一个看老鼠玩耍的傻女人了，所以我尽量避免使用'玩'和'玩具'这两个词。"

戴蒙德的实验只是众多证实玩对大脑健康的发育存在着至关

重要作用的研究成果之一。神经发育和玩之间的联系是什么？为什么玩似乎与大脑的发育密切相关？玩会带来何种差异？事实是，玩似乎是大自然发明的可以让复杂的大脑进行自我创造的最先进的方法之一。

我为什么这么说？想想这样一个事实：我们自身并没有创造大脑的精确蓝图，我们DNA中编码的信息过于稀少，因此无法精确地定义所有神经元间应该要如何相互连接。相反，大脑自己连接了起来，它通过产生非常多的神经元来实现这一点，而这些神经元反过来又与大脑中的其他神经元建立了非常多的连接。遵循DNA中设定的相互作用规则，神经元通过神经回路发送信号，并且会增强有效的信号，减弱或消除无效的信号。

这一过程贯穿个体的整个生命，是一种神经系统的进化。个体出生后，大多数神经元已经就位，但它们会继续建立新的连接。这些最适当和最有效的神经细胞连接，往往是那些在人类进化过程中幸存下来的连接，这就是适者生存。

快速眼动睡眠（REM），或称梦境睡眠阶段，似乎是这个研究的关键部分。睡眠和梦也许是大脑高级功能的组织者。虽然还没有人确定睡眠和梦的所有功能，但研究人员发现，这些活动似乎可以维持大脑的动态稳定，并提高终生记忆力。研究表明，如果人们在学习后能睡个好觉，那么记忆效果会更好。我们知道，快速眼动睡眠在大脑快速发育的时期出现得最为频繁。从理论上来说，在大脑发育的过程中，睡眠和梦境可能有助于测试成绩的提升和加强大脑回路的联系。

玩乐在出生后的大脑快速发育的时期（儿童时期）更为普遍，似乎继续着神经进化的过程，甚至是更进一步。玩乐还能促进神经元和大脑不同中枢间建立以前并不存在的新连接。它是被我称之为"神圣的多余神经元"激活和组织起来的。这些神经连接似乎并没有立刻展现出功能，但它们在玩时被激活，实际上这也是维系大脑组织正常功能的必要条件。

在玩游戏的过程中，我们创造新的神经回路，并且通过给它们传递信号来测试其功能。因为玩是一种非必要的活动，这种测试可以在生存不受威胁的情况下安全地完成。"玩乐"似乎是一种可以帮助塑造大脑持续生长和发展的推动力。

至少在老鼠身上，脑干中激活睡眠的区域也启动了玩乐行为。像睡眠一样，"玩乐"也可以保持儿童身体和社交发展的动态稳定，同时也能在成人中维持这些品质。看到这两种重要行为（睡觉和玩耍）之间的相似之处，我感到很兴奋。我们有理由可以将这两者视为长期促进大脑发展和适应性的重要组织者。

玩乐的驱动力

玩乐对我们的发展和生存是如此地重要，以至于对玩的冲动已经成为一种生物驱动力，就像我们对食物、睡眠或性的渴望一样，玩乐的冲动是由内在的需求产生的。

并非所有的驱动力在强度上都是一样的。我们的首要需求就是活下去，所以最强烈的驱动力是食物和睡眠。当我们处于危险之中时，玩乐的欲望就会消失。但一些研究表明，如果吃得好、休息得好又安全，那么所有的哺乳动物都会自发地玩乐。

正如哲学家杰里米·边沁所观察到的那样，我们的行为在很大程度上取决于快乐或痛苦。如果我们的行为符合生理驱动的要求，我们就会受到奖励；如果违背生理驱动的要求，我们就会受到惩罚。当我们不吃东西时，我们感到痛苦；当我们终于可以吃东西时，我们就会感到极大的快乐（俗话说，"饥者口中尽佳肴"）。一夜好眠，尤其是在连续几个不眠夜之后，是最令人满意的、免费可得的快乐。

作为孩子，我们从玩耍中获得的奖赏是有力的，因为我们需要它来帮助大脑快速地发育。对成年人来说，大脑的发育不会如此迅猛，玩的驱动力也没有那么强烈，因此在短期内即使我们不玩，也能把事情做得很好。我们的工作和其他责任经常要求我们把玩放在一旁。然而如果长期不玩，我们的情绪就会变得阴郁，我们将会失去乐观的感觉，缺乏快乐，或者无法感受到持续的愉悦。

有充分的实验证据证明，玩乐不足和睡眠不足很相似，正如睡眠不足会导致用额外的"反弹性"睡眠来弥补一样。实验室的研究结果表明，被剥夺玩耍的动物再次被允许玩耍时，"反弹性"的玩耍行为也会出现。我们虽然没有在人类身上进行数据统计，证明结果是一样的。但来自父母和老师们以往的经验，以及我在研究成人玩乐行为时的数据，都显示当人类很长时间没有玩之后，他们也会感受到更加强烈的玩乐欲望。

而玩乐的驱动力的另一面则是它在我们参与玩耍时所发挥的作用。从动物们相同的玩乐史来看，我们有证据表明玩得足够多，大脑会工作得更好，我们会感到更乐观，更有创造力。我们会陶醉于一些新奇的事物，比如新时尚、新汽车和新笑话。通过拥抱新事物，我们被吸引去测试那些我们暂时还不需要，但未来可能会需要的技能。我们发现自己会说："我这么做只是为了好玩，但结果证明这对我有好处。"

在一个不可预测、不断变化的世界里，我们从玩乐中学到的知识可以迁移到其他新的情景中。我们通过玩乐寻找各种新的偶然性，这可以让我们能够在世界上的任何地方茁壮成长。第一台蒸汽机是一个玩具，第一架飞机也是如此。达尔文最初对进化产生兴趣是源于他小时候在海边和花园里玩耍时收集的样本。扔石头很可能导致了第一枚炮弹的出现，也可能产生第一支矛。中国的烟花也加速了大炮的研究。当我在思考这个问题时，我认为数学很可能来自数字游戏，发条玩具促进了钟表的发展。

当我们没有面临生死关头时，试错会给我们带来一些新东西。我们想做这些事情，不是因为我们认为纸飞机将变成波音747，我们这样做是因为它很有趣。于是，许多年后，波音747诞生了。

宇宙是有趣的吗？

我想说的是，当你睁开眼睛，玩乐无处不在。我的意思是，玩乐可能发生在所有层面，从最小的细胞互动到宇宙的广袤范畴。

玩乐可以被视为进化本身的一个关键组成部分。进化中最受关注的部分是自然选择，这通常被称为"适者生存"，但在这个过程中还有另一个同样重要的部分：多样性的产生。首先，大自然主要是通过基因突变和基因重组产生了许多不同的生物体，然后最好的生物体被自然"抉择"出来，之后通过繁殖传递它们的基因。那些被达尔文称为"运动"的奇怪事物的产生，其实就是一种玩乐，它们是日常规则之外的不必要的创造，它们的出现增加了生物系统的灵活性。生物学家已经证明，当这种遗传灵活性很大时，进化过程会更快；如果这种变异缺失，进化就会停止，即什么都不会改变。

其实，这种灵活性或玩乐似乎是任何复杂、自组织系统的重要组成部分，如果没有奇怪的变化，系统将以一致的方式运行。从宇宙的规模来说，星系、恒星和太阳系的形成是可能的，因为宇宙的结构在大爆炸后不久就出现了轻微的不规则变化，如果没有这些不规则性，宇宙就会是一碗同质的能量汤。玩乐是音乐节奏的摆动，是球的弹跳，是把我们从因循守旧的生活中带出来的舞蹈。正是这些"无意义"的时刻让这一天变得值得纪念和有价值。我相信我们生活在一个充满乐趣的世界。

虽然我的这种感觉来自宇宙学和生物学，但印度教传统将玩乐正式定义为现实的最终创造性来源。他们提出一个概念"菜拉"（梵语Lila），意思是"消遣""运动"或"游戏"。"菜拉"是描述所有现实的一种方式，包括宇宙——神圣事物进行创造性游戏的结果。

第三章
我们为玩乐而生

　　海鞘是一种丑陋的生物。成年海鞘有着类似于海绵或蠕虫的管状体型，而海鞘幼虫则形似蝌蚪。尽管如此，海鞘仍是人类最古老的远亲之一。相较于与其形似的海绵和蠕虫，海鞘原始的神经系统使得它与人类有着更为紧密的联系。科学家认为海鞘幼虫同5.5亿年前人类早期祖先（最早的脊索动物）的样子很相似。在幼虫形态下，海鞘原始的脊髓和束状的神经节发挥着脑的功能。这种微小的脑帮助它有选择性地朝着营养物质移动并且远离伤害。同大多数海洋生物一样，幼年海鞘把时间都花在了生长和探索海洋上。

　　海鞘一旦成年，就会长期地附着在岩石、船壳或船桩上。它不再像幼年时期那样探索世界了，因为经过的水流为它的生存提供了足够的营养。它的生活变得完全被动了。

　　成年海鞘成为海洋里极其懒惰的存在。此外，还有一个令人惊讶的可怕转变，海鞘会吞食自己的大脑。因为无须再探索或寻找食物，这种生物会吞噬自己的脑神经。这就像斯蒂芬·金书中的话："只有工作而没有玩，使海鞘成为食用大脑的僵尸。"

海鞘是大自然基本法则中的一个例子：非用即失。如果一种能力没有得到使用，它就会成为一种浪费，被抛弃或者逐渐消失。要么我们发展成长，要么就让那些没有被使用过的能力白白流失。

虽然大多数动物不会采取像海鞘那样极端的方式，但是其模式还是一样的。大多数动物仅在幼年时期才广泛地发展新的神经连接。当海鞘停止了移动、许多更高级的动物停止了玩乐，随之而来的就是大脑也停止了发育。

但这种情况并不包括人类。过了青春期之后，人类的大脑依旧可以保持长期发育的状态，而且玩乐能够促进这种发育。我们被设计成终身玩乐者，在任何年龄都可以从玩乐中受益。人类在进化过程中被塑造成为所有动物中最灵活的物种：当玩乐时，我们可以不断地改变以适应年岁渐长的生活。理解为什么许多动物在成年期便停止了玩乐以及人类为什么没有停止玩乐，有助于我们进一步了解玩乐在成年人生活中的作用。

打好手中的牌

如果玩是如此美好，那为什么一些动物会停止玩乐？我已经展示了玩是如何在我们的发展进程中发挥着至关重要的作用，这也是为何年幼的动物会进行大量的玩乐活动。玩乐创造出新的神经连接并且测验它们。玩乐为社会互动和社会学习创建了平台，也创造了一种低风险的方式来发掘和发展先天的技能和才华。

事实上，玩乐并不是完全没有代价，它有可能是危险的。澳大利亚科学家罗伯特·哈考特在一项对海豹幼崽的研究中指出，被捕食者猎杀的二十六只海豹幼崽中有二十二只，是因为其在超出了父母可保护的范围玩乐而被杀害的。在专注于玩乐时，动物不会寻找食物或避难所。如果成年的动物什么都不做只从事玩乐活动的话，他们就很难关注到自己的后代，这将会使得幼崽们在捕食者面前变得更加不堪一击。你可能还记得，玩乐是要付出真实代价的这一事实，我认为这也是玩乐对动物而言具有重要性的一个主要原因。尽管玩乐会给生物带来损失，但是玩乐行为在动物世界中是如此普遍。它的存在具备强有力的理由。玩乐肯定是有益的，而且是利大于弊。

正如我曾说过的，玩乐最大的好处是使人变得更聪明，可以比我们自身的基因赋予的发展更多，以更好地了解世界、适应变化。这些好处在动物幼年时期最有效果，因为此时大脑发育的速度最为迅速。这个时期一旦结束，动物的发育速度就会减缓，此时对于一些动物来说，玩乐付出的代价就要超过收益了。

在生命的扑克游戏中，动物们拥有自己的遗传牌，并在成长发育的过程中几次更换牌面，接下来就是摊牌之时检验输赢。

这种基本的生殖游戏对于那些只具有一次繁殖能力的生物来说非常有用。它们生长并学习，在某些时候学习生涯结束，就到了需要检验学习的技能是否能让其生存并将基因传递下去的时候了。

鲑鱼在溪流中孵化，在海洋中成熟，在残酷的逆流而上的马拉松中存活下来，回到其出生的砂砾河床里产卵，这就是它们的生存策略。这是一种原始的模式，与那些有着众多后代的动物一样，依赖数量而不是质量来获得成功繁殖的最佳机会。鱼产下数百枚卵后就离开了，其数百后代中的少数依靠自己独自成长。

然而，对于那些在生命周期中有多次繁殖的机会，但在每次繁殖中只能生产相对较少数量后代的生物来说，最佳的策略是什么呢？例如人类等一些哺乳动物，还有鸟类，它们的后代很少，所以需要留下来保护幼崽，以此让幼崽可以存活下来并继续种族的繁衍。它们还需要多次生育的机会，这样的话，假如第一次生育的幼崽没有存活下来，还可以有其他的机会。这在能够降低婴儿的高死亡率之前，是人类历史上一个非常重要的问题。这些生物需要一直学习和成长，即使是在繁殖期，这样就有机会面对失败，继而学习，然后成功。对于它们而言，大自然改变了其发展进程以拥有更多玩乐时间。

除了拥有对生的拇指和硕大的前额皮层外，人类还具有另外一个独特点，那就是幼年期比任何其他生物都要长。既然幼年阶段的主要标志之一就是乐于且善于玩乐，那么如果我们的大脑在漫长的童年期过后依然保留着发展性和适应性等要素，将会发生什么呢？是否在大脑中保持非常有用的幼年品质是许多物种，特别是我们人类成功的秘诀呢？

拉布拉多犬与狼

当我第一次真正地与一匹狼面对面时，我才震惊地意识到这不是一条狗。当然，从逻辑上来说这是我们都知道的事情。然而狼和狗看起来是如此地相似，以至于我们倾向于认为它们是一样的。当我和罗杰斯，一位来自新墨西哥州的研究员待了一周后，我才得以有机会近距离地观察狼。是我曾协助指导罗杰斯获得了动物行为学的博士学位。我认为她对于狼的研究就如同珍妮·古道尔对于黑猩猩的研究一般具有意义。

狗与人类一同生活，经历了数千年有选择性的培育，视我们为其种群的主人，依赖于我们而生存，并且乐于向我们传递它们的情感。它们会用狗狗式的微笑来欢迎我们，摇着尾巴，鞠躬哈腰地示意已准备好与我们玩。即便当狗冲着我们吠叫或啜泣时，这种希望获得关注的举动也表现出一种令人熟悉的舒适感。相对于狼复杂的嚎叫，狗吠则常常是对领地遭受入侵或面对挫折时的回应，也是一种希望获得关注或情感表达的方式。狗狗的游戏和好斗都是很容易传达给我们的。

但即使是那些在人类身边长大的狼，也与狗非常地不同。它们确实不需要依赖人类而生存，因此也不会自发地邀请人类一起玩。相较之下，它们对人类还挺不在乎的，所以对人类表现得既不友好，也不愤怒。狼群的社会结构复杂、等级分明，除非是我们作为狼群的一员加入其中，就像罗杰斯那样巧妙的做法，否则我们就是入侵者。然而，狼和狗的幼崽就像是吵闹不断的堂兄弟。狼幼崽和犬类幼崽的行为表现得非常相似，以至于它们看上去几乎是完全相同的，只能通过其与特定品种相关联的不同特征来加以区分。狼和狗在生命初始时都具有扁平的口鼻，耷拉着的耳朵，以及对母亲的强烈依恋。狼还会经历一些可预见的、具有特定行为特征的发展阶段。随着狼崽和家狗的成长，它们会表现出对玩耍的渴望。在一段短暂的发育时期里，狼崽就像难控的寻回犬。当狼崽处于这个阶段时，它的口鼻和耳朵与成年拉布拉多或金毛寻回犬是非常相似的。

　　如果驯养的幼崽是拉布拉多犬或者是金毛寻回犬，它们的生理和社会性发展在这一阶段后基本就停止了。但对于狼来说，这只是其朝成年发展道路中的一个阶段。最终，狼成了"指针"，当发育成熟时，它们的口鼻变得长且尖，耳朵灵活地保持直立。而同样的年龄，拉布拉多犬显然已经成年了，完全具有繁殖能力，也不再是幼崽时的大小，但在行为上表现得依旧像处于玩和寻回犬模式的狼幼崽那般。某些品种的狗，如德国牧羊犬、哈士奇、贵宾犬，相较于拉布拉多犬更像狼一些，它们会更加忠诚，更加有领地意识。但金毛寻回犬和拉布拉多犬一生都主要是玩者和寻回犬的角色，直至衰老死去。

虽然成年的狼依旧爱玩游戏，但它们大多数的时间都致力于组织狼群，并为实现自身特殊的地位而努力奋斗。狼一旦在群体中获得了自己的位置，就会比家狗因社会化所产生的群体间的动态关系要固定得多。狼群通过形成一个严格的、有等级划分但又可分工协作的群体，以此在野外发挥食肉动物的功能，并实现群体生存的目标。

狗则表现出了一种适应性的模式，叫作幼态延续（neoteny，该词源自希腊语中的"延伸"或"扩展"）。这个词描述的是生物幼年期的延长，即指有时幼年时期的特征会保留至成年期。这也是进化的一个重要主题。因为生命发展的早期是神经系统可塑性最强的时期，幼态延续赋予我们的一个优势就是让我们对变化保持开放的心态，持续地保持着好奇心，以及具有乐意吸收新信息的能力。一匹经验丰富的领头狼也许是一个一流的捕食者，但不可避免地会比家犬更容易被一些更狭隘和更具强制性的行为所限制。

人类是年轻的灵长类动物。与寻回犬相似，我们就像是灵长类动物世界中的拉布拉多犬。如同拉布拉多犬和狼幼崽的外型和行为表现很相似一样，黑猩猩的幼崽看起来和人类的婴儿非常相似，比如两者都有着高而圆的前额和大大的眼睛。然而，随着黑猩猩年龄的增长，它们的前额变得倾斜、眉骨隆起、下颚向前突出，与其幼年时的长相存在着非常大的不同。它们有些像我们尼安德特人的祖先。我们现代人一生都保持着幼年时期的长相，比如高前额，圆颅骨，以及其他一些幼年时期的典型特征。相较于成年期的黑猩猩，我们更像幼年时期的黑猩猩。

我们不仅在外貌上更像婴幼儿时期而非成年时期的黑猩猩，而且在行为表现上亦是如此。与成年时期的狼一样，成年黑猩猩会表现出更具强制性、死板和目标导向的行为。成年的雄性黑猩猩存在严格的等级制度，除非被年轻的黑猩猩说服，否则不会经常去参加游戏。它们更容易对接近其领地的陌生生物做出反应，似乎更乐意搏斗而不是游戏。而幼年黑猩猩则更像人类，表现得更乐于游戏。

　　这种保留下来的"不成熟"的特征，比人类的圆脸、基本无毛的身体等所产生的影响更加深刻。如果成年黑猩猩的神经系统受到损坏的话，几乎没有可用以修复的空间。与此不同的是，人类存在着更多供新神经元生长的空间，这也是一种可以永远保持年轻的特征。现代康复中心的中风病人事例显示，如果脑损伤不太严重，或者不在重要区域，大脑有能力通过创造新的神经元（神经再生）和新的神经连接，重新恢复大脑功能。而类似的损伤对于黑猩猩来说则是无法修复的。

然而，生命中长周期的年轻并不意味着全是为了娱乐和玩乐。保持年轻是需要权衡利弊的。在很多方面，狼的习性更适合在艰苦的环境下生存，而金毛寻回犬在野外的存活时间也许不会超过一周。从另外一个方面来说，狗的习性更加适合同人类一起生活。因此，物种的一套行为习性并不一定真的"优于"其他。幼态延续为实现更强的适应能力打开了大门，但是也要为此付出一定的代价。幼态往往更灵活，但也更易受伤害；成熟期虽然更强壮，但也会更加地死板和冷漠。

　　幼态延续对于人类来说是一个福音：它让我们的祖先从树上下来，可以在地球上的任何地方生活。我们被自然和进化塑造成终身玩乐者。终身的玩乐对延续幸福感、提高适应性和社会凝聚力至关重要。幼态延续孕育了文明、艺术和音乐。尽管幼态延续存在着弊端，但它是我们与生俱来的特点。精神病学家艾瑞克·埃里克森曾做过一个精彩的总结："正是人类才拥有漫长的童年期，正是文明才使人类拥有更长的童年。漫长的童年期使得一个人的技能和心智更加成熟，但也使其一生都处于情感上的不成熟。"

　　在所有的动物中，人类是最大的玩家。我们将幼年期的发展进程延长至最少十五年。脑部扫描和行为分析的结果显示，在现代社会，大脑的执行中心在个体二十多岁时仍继续发生着变化，这是我们的酒精法规尊重而驾驶证并未尊重的事实[1]。我们的大脑

1　美国国会1984年通过的《最低饮酒年龄法案》规定，任何未满21周岁的人不得以任何方式、任何理由饮酒；而美国公民年满16岁便可考驾照后开车。

在二十多岁后并未停止发展。对于一个适应能力良好且安全的个体来说，玩乐很可能会在我们漫长的一生中持续地促进神经元的再生。例如，对早期痴呆的研究表明，运动类的游戏通过刺激神经元细胞的再生，以预先阻止心智水平的降低。虽然对于这方面的研究进展确实还处于早期阶段，但现有的一些研究结果表明，持续地参与一些智力游戏、有趣的锻炼比赛以及其他形式的游戏，与抵御神经退化性的疾病之间是存在着一些关系的。

成年期的玩乐

成人是如何玩的呢？答案并不像看起来的那么明显。进一步细究的话，许多我们认为是玩的活动其实具有工作的性质。而那些看上去像是工作的事情，则恰恰可能是建立在玩的基础之上。一场高尔夫比赛既可能是玩的典型代表，也可能是一场精心策划、受人掌控的大买卖中的一部分。

我住在卵石滩附近，在那里著名的高尔夫球场打过几次球。对于大多数高尔夫球手来说，在卵石滩打球是一生中最精彩的经历之一，也是其多年来梦寐以求的特别时刻。然而，我也见到过一些高尔夫球手，在一开球时就表现得怒不可遏，在打完十八洞后依然如此。他们是如此的痛苦和愤怒，以至于把自己的不快传播给了周围的每个人。这些人并不是在玩乐。他们喜欢自我批判，争强好胜，追求完美，全神贯注于最后一个双柏忌。这些情绪不会让他们体会到由快乐的游戏所带来的兴趣盎然、废寝忘食、全神贯注、自得其乐的感觉。

《跑步者世界》杂志将跑步者分为四种类型：锻炼者、竞争者、热衷者和社交者。锻炼者跑步主要是为了减肥，保持身材和改善心血管的健康状况。竞争者跑步是为了提升竞技水平，打败别人和创造个人的最好成绩。热衷者是把跑步当成了日常生活中的乐趣，以此感受自身肌肉的运动以及拂过脸颊的微风。对于社交者而言，跑步主要是一种把人们聚集在一起聊天的活动，这才是跑步真正的乐趣。

这四种类型的跑步者确实都是在跑步，但他们的内心体验是不同的。事实上，热衷者和社交者最有可能是在纯粹地玩乐，即追求跑步所带来的乐趣（你也可以说，社交者的乐趣之源在于交流，而非跑步本身）。其他两种类型的跑步者最有可能是为了追求一定的目标而跑步，比如为了追求速度或健康。这会让他们失去玩乐体验所带来的乐趣，并且给其生活增添压力。如果锻炼者或竞争者在没有达到他们对自己的某种期望时而感到沮丧，那他们所做的事情就不是真正的玩乐。另一方面，比赛所带来的兴奋感也许是竞争性游戏中十分必要且有益健康的一部分。

跑步有时可被看作一种玩乐，但有时则不是。两者间有何区别呢？这取决于跑步者的情绪体验。玩乐是一种心理状态，而不仅仅是一项运动。请记住玩乐的定义：一种引人入胜的，明显的无目的性的活动，它能够给人带来快乐，同时伴随自我意识和时间知觉的停滞感。玩乐具有自我驱动的特性，使参与者有重复体验的欲望。为了玩，我们需要将自己调适到最适宜的情绪状态（即使这项活动也可诱发出玩乐时的情绪状态）。

神经科学家雅克·潘克塞普在博林格林大学期间，对老鼠和其他动物的玩乐活动进行了广泛研究，如今又在华盛顿州立大学设立了玩乐研究中心。他认为，玩乐首先出现在人类的脑干，那里是人类的生存机制，比如呼吸、意识、睡眠和梦等发源的地方。随后，这种内在、固定的初始激活装置便连接和激发了在玩的过程中所伴随的愉悦情绪。如果没有这样的情感联结，就不能称作玩乐。

在电视上看体育节目、情景喜剧、奥普拉的脱口秀或精彩的电视剧，这些通常都是玩乐，读小说也是。试想一下，当你看完了一部很棒的电影，你的思绪又重新回到了日常生活中，但看待万物的视角已受电影的影响，你会有什么样的感受？一位评论家曾回忆看完《阿拉伯的劳伦斯》这部电影后，感觉阳光都与平日看起来不一样了。这种重归现实世界的感受表明看这部电影确实是一种玩乐，它的场景也会随后在你的脑海里重现。我们的一些爱好，比如制造飞机模型、放风筝或缝纫，都是最常见的玩乐活动。

事实上，我想说的是艺术创造的冲动其实是一种玩耍冲动的结果。长期以来，艺术和文化一直被视为人类生物的副产品，它们会在我们使用庞大而复杂的大脑时产生。但最新的观点却认为，艺术和文化是大脑积极创造的产物，因为它们对人类有益，而且来源于我们原始的、孩童般的玩乐驱力。

如果我们观察一个人的一生，以及许多艺术表达的起源，就会发现它们根植于人类早期的玩乐行为中，这些行为受到天赋和环境中丰富的机遇的促进。在公园里，一个被音乐吸引的两岁孩子随着夏日乐队音乐会的节拍自发地舞动。十五年后，这个孩子可能会成为一个完美的钢琴家，或者会花上几个小时一边哼唱一边弹奏吉他。但回想那个很久以前的夏天，当乐队开始演奏时，两岁的孩子被节奏和音乐吸引是由儿童自发的玩乐天性所引起的。产生这种对音乐欣然接纳的情绪是无法用言语来表达的，也不是诸如"我想成为一名音乐家"等这样思想的产物。它们是由一个更深刻、更原始的过程所推动的，正如雅克所描述的那样：这是一个连接脑干（运动）到边缘系统（情感）再到大脑皮层（思维）的过程。

同样的道理也可以用来说明是什么吸引人们去从事绘画、体育竞技、诗歌创作，说俏皮话、模仿他人、布置家具、折纸飞机等。这些基于玩乐的潜在美学表达，是源自前言语和情感上所激发的多样化，并由此为我们玩提供了一个开放的心态。

另一种思路就是，艺术促进了不同圈际间的整合和互动。音乐、舞蹈和绘画常常是丰收节和宗教仪式的一部分，把人们聚集在一起"同声歌唱"。艺术是将人们联系在一起进行深刻的、超越语言的交流的一部分。艺术实际上就是一种交流。

"归属感"是儿童早期社交游戏的产物。不同的风格和冲突、差异的意见必须整合，与团队中其他孩子们保持同步，并以此能进入一些更复杂的公共群体，这一过程是儿童拥有充满凝聚力的团体生活所必要的组成部分。这一过程也同样适用于家庭、校董会、教会委员会以及国会。不幸的是，在国会这一社会化领域，似乎十分缺乏这种玩乐过程。

对成年人来说，参与玩乐也让我们与周围人保持同步，这是一种可以挖掘大家共同的情感和思想，并与他人分享的方式。当澳大利亚导演巴兹·鲁尔曼指导戏剧专业的学生表演莎士比亚的戏剧时，其观点非常贴切地证实了这一点。当他的学生们都在枯燥地讲着台词，非常努力地想把每个词都表达准确，但却忽略了剧本所传达的情感时，鲁尔曼告诉学生："最终它被称为一场游戏，因为我们在玩耍[1]。这是一场游戏，一场大型的、有趣的、愚蠢的，但却深刻震撼人心的人类游戏。"

我们不再经常参加社区舞会，我们的娱乐活动通常是由离我们遥远的一些大富翁们创造的。但玩乐的影响继续在社会中渗透，并促进玩乐社群的发展。我们可以通过在娱乐、体育电视节目中体会到胜利的兴奋和失败的痛苦。我们可以在《黑道家族》[2]中体验黑手党的生活，并与我们的好友畅谈。

那么被视为与玩乐相对立的工作呢？像生化研究这样严肃的工作中有玩乐吗？在了解了诺贝尔奖获得者、科学家罗杰·吉尔曼和研究脊髓灰质炎的专家乔纳斯·索尔克的玩乐史之后，我意

---

1 "play"可以译为戏剧、游戏、玩耍和扮演。
2 《黑道家族》（*The Sopranos*）是美国一套反映黑手党题材的虚构电视连续剧。

识到他们每天在实验室里所做的事情就是玩耍。当罗杰带我参观他的实验室时，他如同孩子般兴奋地向我描述他的实验研究。这是他玩过的最大、最昂贵的沙盒，所有设置都是为了能够让他发现一些奇妙的新事物。我还记得他向我讲述他最新研究进展时的喜悦模样，他说道："释放因子，斯图尔特，我们发现了释放因子。"他的快乐如同一个孩子在炫耀从海边捡到的美丽贝壳那般纯粹。

他们的玩乐对大多数人来说是深奥的、难以理解的，但是其活动和从中体验的乐趣跟玩沙盒的孩子是一样的。对索尔克和其他一些我曾交谈过的科学家来说，他们玩乐的兴奋感被放大了，因为在其特殊的沙盒里摆满了一些珍贵的玩具，而且他们所开展的研究意义深远。他们玩乐的结果不仅仅会得到像是孩子构建了一座精美沙堡后母亲的鼓掌喝彩，而且会对世界产生深远的影响。所以，他们会登上《时代》杂志的封面，并获得瑞典国王授予的奖章。

在不那么高的工作水平上，实际上也可以寻找到玩乐的痕迹。我曾经遇到过一个人，他说做过的最好工作就是在他家的汽车废弃场。他和兄弟们比赛，看谁能以最快的速度整理出一堆用过的汽化器，或者是拆卸和重组发电机。他们虽然干了很多活，但也从中收获了很多乐趣。

我们发现，最令人感到满意的工作几乎总像一种玩乐，或是幼时玩乐的延伸。喷气推进实验室（JPL）发现，实验室里最熟练的工程师往往是那些在少年时期就乐于动手的人，他们会拆卸钟表和相机，建造堡垒和音响。那些成年后表现优秀的工程师，并不是因为他们进行过大量拆卸手表的练习；而是因为，从某种意义上来说，他们在工作中所做的是其一直以来因纯粹的享受而在做的事情。他们依旧是在玩乐。

最近一期《纽约客》杂志的封面为我捕捉到了工程学中有趣的一面。封面展现了一个人在一座直插纽约上空的、还在修建中的摩天大楼上，他坐在一根光秃秃的工字梁上画旁边的建筑，通过绘画创造建筑。这让我想起了著名的儿童读本《哈罗德和紫色蜡笔》。这本书讲的是一个男孩创造了自己的世界，并通过在空白的书页上勾勒紫色的线条以进出自己世界的故事。《纽约客》封面上的人就像是哈罗德的成人版，他正在使用成人的方式创造自己的世界。我认为，对于那些真正擅长并享受自身工作的建筑师和工程师来说，他们在童年时期设计和建造东西时所获得的乐趣总存在着强烈的回响。

你的游戏人格是什么？

随着年龄的增长，我们开始对某些类型的游戏产生强烈的偏好。有些游戏比较符合自身的喜好，有些则不然。多年来，我观察到人类有八种主要的游戏模式，我将其称为"游戏人格"。这些分类并没有科学的依据，但我认为它们大体上是正确的。

基本上没有人会属于单一的游戏人格类型。我们大多数人都是这些类型的混合体。在不同的时间和情境下，人们可能会发现自己所采用的某一游戏模式与其自身主导型的游戏人格不同。我发现大多数人会在这些原型中认识自己，了解自身的游戏人格。本部分将讨论游戏人格的类型，然后给读者提供一个识别自身游戏人格类型的机会，以此使自身获得更清晰的自我意识，以及在生活中可以更好地游戏。

八种游戏人格类型是：

小丑型

历史上最基础和最极端的游戏者就是小丑。小丑的游戏总是围绕着一些无意义的东西。的确，无意义的行为是我们参与的第一种人类游戏：所有婴儿的语言都是从一些无意义的音节开始的。父母通过发出一些傻傻的声音，吹树莓等一些通常比较愚蠢的搞笑来逗婴儿。长大后，班级里的小丑通过逗别人开心来获得社会认可。不过，爱开玩笑的成年人也会采用这种社交策略。乔治·克鲁尼是出了名的爱开玩笑。据报道，在《十二罗汉》和《十三罗汉》的拍摄现场，他和同事——同样身为演员的马特·达蒙试图用恶作剧来超越对方。

我的牙医约翰·劳尔也符合这一类型。当他的病人斜躺在牙科治疗椅上时，会看到天花板上的一个大牌子写着"牙医讲了个笑话"。不可避免地，他的舌尖又会吐出一个新的笑话。

动觉型

动觉型的人是指那些喜欢动的人，用肯·罗宾逊爵士的话来说——"需要行动才能思考"。这类人包括运动员，也包括像吉莉安·林恩这样的人，他们认为最能让自己快乐的活动是跳舞、游泳或是散步。动觉型的人非常自然地想要摆动自己的身体，并感受由此带来的快乐。他们可能会是那些踢足球、练瑜伽、跳舞或跳绳的人。虽然动觉型的人可能会参与比赛，但竞争并不是他们的主要关注点——他们只是把比赛当作一个可以参与他们喜爱的活动的方式。

我一位朋友的女儿，是一个很有天赋的年轻体操运动员。其有学识的父母对她在阅读理解方面的困境很忧虑。然而，她母亲却注意到，当她在一个充气的大球上弹跳时，可以集中精力地完成任务。于是，母亲开始在她坐在球上，或在球上运动的时候陪她一起上阅读课。她阅读的能力和记忆信息的技巧也由此持续地得到提升。她可能永远不会选择成为一名图书管理员，但在阅读方面的挫败感已经消失了。

探险家

我们每个人的人生都是从探索周围的世界开始的，有些人永远不会失去对探索的热情。探索成为他们进入另一个游戏世界的首选途径——这也是其保持创造力和激发想象力的方式。想想理查德·布兰森或者珍妮·古道尔即是如此。

探索可以是物理上的，确切地说，是去一个新的地方。或者，它可以是情感上的，即寻找一种新的感觉或通过音乐、运动、火花深化某种熟悉的感觉。它也可以是精神层面的，比如研究一个新课题，或当坐在扶手椅上时萌生的一些新体验或观点。

竞争者

竞争者是指那些通过享受带有特定规则的竞争性游戏而获得快感和创造性的人，他们喜欢为了追逐胜利而游戏。他是终结者；她是支配者。竞争者喜欢争夺第一。如果比赛和保持分数对你而言很重要，竞争型就可能是你的主导型游戏人格。比赛可以是单人比赛，也可以是多人比赛——既可以是单人电子竞技，也可以是像棒球这样的团队游戏。竞争者既可能会积极地参与游戏，也可能是作为粉丝在一旁观看。竞争者使自己在社会群体中出名，其乐趣来自成为群体或是商业领域的佼佼者，而金钱或是津贴是用来保持分数的手段。

指挥者

指挥者喜欢策划和执行一些场景和活动。虽然他们中的许多人并没有意识到自身的动机和操控风格，但他们热衷于权力，即使是处在 B 级电影[1]的行列中也是如此。他们是天生的组织者。他

---

1   B 级电影是从制作投入上划分的等级，通常是指拍摄时间短且制作预算低的影片。

们最好是派对的组织者，是海滩远足的发起者，是活跃在社交圈的中心人物。在最坏的情况下，他们会成为操纵者。整个世界就是一个舞台，而我们其余的人就只是指挥者游戏中的参与者。这类人的代表性人物就是赤脚女伯爵中的厨师伊娜·加滕和奥普拉·温弗瑞。

收藏家

一个拥有任意物品的世界有什么好呢？对于收藏家来说，游戏令人兴奋之处就在于可以拥有并保存最多、最好、最有趣的物品或经历。对他们而言，硬币、玩具火车、古董、塑料钱包、葡萄酒、鞋子、领带、赛车碰撞的视频片段，或者撞坏的汽车碎片，任何东西都可以成为收藏家的游戏。我认识的一个人环游世界去看日食——这似乎是探险家才有的行为，但收藏家则必须要看遍每一次日食，并系统地收集每一次日食的证据。收藏家可能喜欢把收藏当作一项单独的活动，或者可能会发现收藏是与其他有着类似癖好的人建立密切社会关系的话题焦点。杰·雷诺因他的汽车收藏品而闻名。收集汽车并把心思花在这上面就是他闲暇时间的游戏。

艺术家/创造者

对于艺术家/创造者来说，快乐是基于创造事物。绘画、印刷、木工、陶器和雕塑——都是艺术家/创造者的常见产物，但家具制造、编织、缝纫和园艺工作也同样在他们的创作范围之内。艺术家/创造者可能最终会向世界展示自己的作品，甚至会以数百万美元的价格出售，或者可能永远不会向任何人展示他们的作品。重点是创造一些东西——一些美丽、实用或傻傻的东西。或者，他们只是为了让某些东西能够运作——艺术家/创造者可能会喜欢拆卸水泵，然后更换其中损坏的部件，清洗干净，最后再重新将其组装成一个闪闪发光的、完美运行的机器，尽力使之焕然一新。或者，还有可能是装饰一个房间或房子。英国首相玛格丽特·撒切尔很喜欢在空闲时间贴墙纸。马蒂斯在他的职业生涯中尝试了许多不同的艺术形式，从油画、蜡笔到剪纸、彩色玻璃窗。

故事讲述者

对于故事讲述者来说，想象力是打开游戏王国的钥匙。故事讲述者当然包括那些小说家、剧作家、漫画家和编剧，但也包括那些最大的乐趣就是阅读小说和观看电影的人，他们让自己成为故事的一部分，体验着故事中人物的思想和情感。各种类型的表演者都是故事讲述者，他们通过舞蹈、表演、魔术，或演讲创造出一个想象的世界。

由于故事讲述者所描述的王国是想象中的，因此他们几乎可以将任何活动变成游戏。他们也许是在进行一场休闲娱乐的网球比赛，但在他们看来，每一个得分都是精彩剧情的一部分。"现在压力落在了罗杰·费德勒的身上，他需要拿下这一分，才能挽救局势。"与竞争者类型不同的是，故事讲述者主要的关注点是存在这样一场激动人心的比赛。甚至烹饪通心粉和奶酪都可以通过想象变成全球电视播放的名人烹饪大赛。加里森·凯勒和鲍勃·科斯塔斯就是两个天生故事讲述者的例子。

海鞘的命运

如果让玩乐的冲动在成年后很好地表达出来，就像与生俱来的那样，我们就会发现到处都是玩乐的机会。大脑不断地发展，以适应和了解这个世界，并找到享受世界的新方式。许多研究表明，那些在一生中保持着玩乐习惯、终生不断探索和学习的人，不仅不易患痴呆症和其他神经系统的疾病，而且也不太可能患心脏病和其他一些看似与大脑无关的疾病。例如，各种研究表明，患阿尔茨海默病的风险只有一小部分是由基因决定的，大部分的风险是由于生活方式和环境的影响。阿尔伯特·爱因斯坦和锡拉丘兹大学开展的一项前瞻性的研究表明，从事最多认知活动的人（玩拼图、阅读、从事具挑战性的脑力工作），患阿尔茨海默病的概率比普通人群低63%。

如果我们停止玩乐，命运就会和所有成年后不再玩乐的动物一样。我们的行为会变得僵化，不会对新兴或奇特的事物产生兴趣，也很难有机会从周围的世界中得到乐趣。

我时不时会遇到和我一起长大的人，而且像许多人一样，我会关注他们这些年的经历。随着几十年时光的流逝，人们在生命力上的差异才真正地显现出来。大家都会注意到，我们的朋友们在四十多岁时头发开始慢慢变白，五十多岁时皱纹开始明显地累积，但他们还是保持着不变的性格和一如既往的敏捷思维。但我发现，大脑机能在六七十岁时会真正地发生变化，有些人智力的敏锐性开始衰退，而那些仍然保持着思维的灵敏性和风趣的人，往往是那些持续玩乐和工作的人。我可以举出很多玩乐史上和自身经历的例子，而且我相信你也认识一些老年人，他们因为保持着幽默和乐于玩乐的心态而依旧十分风趣。

例如，我的朋友艾伦专注于自身的专业多年，是一名成功的儿科肿瘤学家。他始终感到创造力和同情心为自己提供了有丰厚回报，但却高要求的生活。随着退休的临近，他虽然感觉自己动手干活时充满活力，但还是怀疑自己的能力。于是，他大量地搜集了一些来自冬季风暴过后的北加州海滩木材，之后就开始做木雕。现今八十岁的他，拥有一个壮观的雕塑园和一个漂亮的菜园，而他每天都把自己的时间花在了雕塑和种菜上。艾伦的大多数雕塑作品描绘了曾治疗过的那些孩子身上不屈不挠的精神，这些孩子化疗或放疗的经历给予了他灵感。艾伦告诉我，每件新雕塑作品都会让他感到思路敏锐，充满活力。并且，从六十五岁以来所积累的关于园艺的渊博知识，不仅满足了自身的精神需要，而且也满足了我们对异国风味蔬菜的需求。

美国国家地理学会在日本冲绳进行的一项研究显示，与幼儿一起玩耍同饮食、锻炼一样，是造就冲绳人传奇般长寿的重要因素。我记得在冲绳旅行的时候，遇到过一个特别的人。他是一个木雕师，据说已经快一百岁了。通过翻译他告诉我，在做木雕的时候自己总是能保持着愉悦的心情。我从他那里买了一尊小木佛，并且问他曾在雕塑一件作品上花费的最长时间，他笑着跟我说，两年。

当我们停止玩乐时，我们就停止了发展。而当这种情况发生时，熵定律就会发挥作用——一切都将分崩离析。最终，我们就会和海鞘的命运一样，变成植物人，一直待在一个地方，不能与世界进行充分的互动，更像是植物而不是动物。当我们停止玩乐时，我们也就开始迈向死亡。

2

过好玩的生活

第四章
亲子关系中的游戏

    小里奥是个小天使。在他一岁半的时候,他总是沉浸在欢乐和笑声中。他明确而热烈地爱着他自己。他的真情实感体现在他的一举一动中,明白无误地写在了他的肢体动作、声音和表情里。他完全享受当下,其快乐感染了父母和所遇见的人们,并将大家带入到了一种共同喜悦的状态。看着他,我会觉得"这已经是最好的了"。里奥很自然,也很真实。当一起玩闹的时候,我俩成为充满活力的一体。

    我在当地的托儿中心见到了里奥,听到看护者们因鼓励他展现顽皮的习性而发出的阵阵笑声。我在好奇:"他在干什么?"在他这个年纪,他喜欢把椅子推来推去,并将椅子在房间里到处移动。他会重新布置那些已经放置在儿童桌上的东西,带着它们在房间里跑来跑去。他会一边奔跑一边尖叫,并保持他一贯的专注和开心。他又玩耍了几分钟,然后才微笑着坐在桌子旁,这样才算"完结"。像这个年纪的大多数孩子一样,他在重复和仪式中茁壮成长,但这也是他自己有趣的怪癖。我相信,显露出的这一核心的内在游戏天性若不加以约束，将来也许会逐渐演变成他的"游戏特质"（一个快乐的指挥者?）。

这种热忱来自哪里？它又会到哪里去？在人生的某个阶段，我们很多人都会失去它。我们从童年成长起来，然后抛下了一些"幼稚的东西"。我们觉得我们不应该再这样了，并且有意不愿想起那些纯粹的游戏体验。看到像里奥这样的孩子，我们会回想起童年时遗留下来的快乐。我经常谈论儿童游戏，但有趣的是谈论的焦点往往会回到他们父母身上。

最近，我结束了一场在纽约公共图书馆的演讲后，一个女人走过来和我说话。她微笑着，但微笑的背后似乎存在着一些难以述说的情绪。她说我已让她确信了游戏的重要性，并告诉我她担心她的孩子们，一个十岁和一个十二岁。他们其实有充足的时间去玩耍，但却仍然不停地学习和工作，以确保能够在人生中获得成功。我们谈到了成功的本质，她意识到，她真正要说的是教孩子们如何成为负责任的成年人，即孩子们会对生活保持着一种玩乐的态度，他们可以尽情享受生活，并有一份能让他们兴奋的工作。

我很快就明白过来，这是她自己生活中所缺少的东西。像许多父母一样，她想给予她的孩子一些她不曾拥有的东西。这个女人非常成功，是纽约的一家大型法律事务所的合伙人。她一直做正确的事情，去正确的学校，但是现在她羞于承认自己并不那么快乐，好像这是一个可耻的秘密。如今她让自己的孩子们也进入正确的学校，参与正确的活动，但她担心这会让她的孩子们走上她曾经走过的路。

关于游戏和孩子的对话也朝着另一个方向发展。当我为公司举办研讨会时，重点放在了通过理解游戏来提高员工的创新和协作能力，但人们经常回来报告说，我演讲的首要效果就是改善了他们与孩子的互动方式。

最后，我感觉到成年人认为他们自己没有把事情做好。他们曾经有过一些特别的东西，但却放弃了。他们不知道它去了哪里，也不知道该如何找回，但愿意让孩子们比曾经的自己拥有更多的选择。

在某些方面，如今游戏所带来的威胁甚至比上一代或前几代人所遭受的还要大。像我一样有着自由探索田野或树林经历的父母们会担心现在的孩子们在电子游戏或"安全"活动上花费了太多时间。一些人注意到了《男孩们的冒险书》的畅销，该书提倡粗犷、刺激且稍有风险的游戏和活动，而这些游戏和活动在电子游戏和由家长组织的、被赋予高期望的六岁足球场之旅成为常态之前，就非常普遍了。学校已经发展成为考试高分的生产流水线，在那里孩子们的技能得以训练，据说一切都是为上大学做更好的准备。

从许多方面来说，这些发展让孩子们有了一种更优越、更成熟的生活观，然而我们却感到有些东西丢失了——也许是不受约束的想象力和自由。

本章名义上是关于孩子的游戏，但实际上是关于我们所有人的游戏。童年是一切的开始，是游戏力自然而然出现的人生阶段，也是我们余生如何生存的基础。当我们理解了童年独特的游戏模式，就可以开始理解孩子们自己的真理和目的，也就可以开始想象一条通向幸福和充实的道路了。然而，在帮助他们沿着这条道路前进时，我们需要记起自己童年游戏时的情感状态，这也为我们每个人提供了找回快乐游戏初心的线索。

在飞机上，紧急程序的说明告诉成年人，在机舱减压的情况下，他们应该在帮助孩子之前戴上自己的氧气面罩。同样地，为了帮助我们的孩子，我们必须通过追溯我们早期玩乐的足迹来恢复我们幼时玩乐的记忆。当我们这样做并创造一个有趣的家庭时，从教育到日常琐事，一切都会变得更好。

这就是玩乐的足迹，即我们从最基本的玩乐行为到复杂的玩乐行为所前进的每一小步，以及这些玩乐足迹对我们产生的影响。

人生之初的游戏

实际上，游戏甚至在孩子出生前就开始对其产生影响，至少是间接影响。与大多数动物不同，人类要在子宫中度过约九个月的时间。事实上，在出生前人类还是一个无助的"胎儿"。在妊娠期，胚胎和发育中的胎儿会受到从母亲的营养到压力水平等这些强烈的产前因素的影响。即使在子宫内，神经回路也正在形成，这些回路将为我们的余生设定大脑模式。准妈妈的游戏可以降低自身的压力水平，有助于减轻怀孕带来的不适，同时游戏也有助于塑造她们体内婴儿的心理状态。产前环境的影响甚至可以是多代人的。尽管看起来很神奇，但对第二次世界大战期间荷兰"饥饿冬天"的研究表明，个体的智商、罹患心脏病的风险和其他的健康问题都受到外祖母怀孕后期的饮食状况的影响。

研究者们还表明，胎动——踢、打、扭——也可以被认为是孩子们游戏的一种表达方式。这些看似随机的动作由中枢神经系统产生，是在四肢和大脑之间建立联系的一种工作方式。婴儿出生之后，这些看似随机的运动行为将帮助他们探索这个世界。

协调

在三四个月大的时候，如果婴儿被喂养得很好，获得足够的安全感，母亲的情绪状态是开放而平静的，那么当父母与孩子之间进行眼神交流时，就会迸发出和谐的心灵交流。当他们凝视着彼此的眼睛时，婴儿会发出迷人的微笑，母亲也会自发地以激动的情绪、愉悦的语言和肢体动作进行回应，并报之以微笑。婴儿会发出一些细小的声音，咿呀学语或者是轻微笑声，母亲则会以有节奏的歌谣回应。这在全世界的所有文化中都是十分普遍的。

　　大脑中正在发生的变化更令人感到惊奇。当他们注视对方时，母亲与孩子都在同步各自大脑右皮层的神经活动。如果我们把母亲和其孩子连接在一起做脑电图，你会看到他们的脑电流实际上是同步的，这就叫作"协调"。他们的大脑节奏变得一致，表现为一种心灵融合，这是一种非常纯粹的亲密方式。父亲在同婴儿相处时也同样会经历这种情况，但一般来说，此情况更多地发生在母子之间。

　　当协调发生时，父母与孩子都会体会到愉悦的结合。正如我所说的，我观察到这种体验是游戏的一种最基本的状态，并且它会成为我们在余生参与更为复杂的游戏状态的基础。加州大学洛杉矶分校的学者艾伦·朔尔是整合社会学、生物学、精神分析理论的先驱，他发现协调（也称为"联结"）对个体后来的情绪自我调节是至关重要的。从未充分体验过这种协调的受虐儿童，最终会变得情绪极度脆弱以及行为异常。

朔尔研究的意义，以及该研究与其他关于人类发展的长期研究之间的相关性，目前才得到应有的关注。举个例子，由于受虐待而没能经历协调的孩子们很难形成健康的依恋风格。这会对其成年后的压力管理能力产生影响，并可能会影响他们进行高效的情绪调节任务，而这些任务通常被认为受到位于大脑右侧（非优势）的前额皮质的控制。左右前额皮质位于运动中枢的前方，并积极地整合认知资源和执行决策行为。右侧比左侧发展得更为迅速，也更容易受到早期剥夺性损害的伤害，并被认为对之后的情绪调节活动、冒险决策和社会判断至关重要。如果我们假设，动物游戏的神经生理学模型适用于我们，那么协调（游戏的基础状态）就会缓冲过度的情绪波动对成长中的婴幼儿所产生的冲击。它也有助于编排管理由基因信号所演奏的交响乐，这些基因信号控制着我们童年期、青春期和成年早期时最佳的大脑发育。

肢体和运动游戏

婴儿很早就开始通过游戏来理解他们的身体。正如我所提到的，这种游戏方式真正开始于子宫。一旦他们出生，扭动和挥动手臂的强烈欲望就会继续。在三到九个月大的时候，一旦他们能够用手和膝盖支撑身体，他们就学会了摇摆，然后就学习爬行。他们会把东西放进嘴里用牙龈咬。他们用舌头把食物卷起来，吸进去又吐出来，并非常享受这个过程。之后，他们还会手握勺子，可能会将一团食物弹射出去或扔到房间的另一边。这些都不是随机的动作——它们是促进探索和学习的内在行为。他们从牙牙学语到能够说出可理解的词汇。天生听力受损的婴儿实际上会通过游戏动作来学习身体上的交流，首先是使用简单的对称动作，当成年人不断地用手语回应时，这些动作会慢慢变成简单的手语。

运动是根本的，并伴随着我们正在研究的玩乐的所有元素，甚至包括想象力游戏中的文字或图像运动。如果你不能理解和欣赏人类运动，就不会真正地理解自己和玩乐。对自我运动的了解为个人认识世界创造了一种结构——这是一种认识的方式。通过运动游戏，我们在运动中思考。运动构建了我们对世界、空间、时间，以及自身与它们关系的知识。我们已经完全内化了运动、空间和时间，所以需要退一步（一种运动隐喻）来认识使用这些术语时思考了多少。我们对物质世界的知识是建立在运动的基础上的，这也就解释了为什么会用"紧密""遥远""开放""封闭"这样的术语来描述情感。我们会描述自己"抓住"了想法，或者是与它们"搏斗"，又或者"跌跌撞撞地发现"它们。

动作游戏能够激发大脑活力，促进学习、创新、灵活性、适应性和韧性。这些人性的核心方面需要运动得以充分地实现。这就是为什么当某人难以进入游戏状态时，我会要求他们做一些涉及运动的事情：因为身体游戏是普遍的。正如鲍勃·费根所说："运动能填满一颗空虚的心。"

与探索性的身体运动、节奏性的早期语言（声带运动）、旋转运动活动相关的游戏驱动的是快乐自身。这些运动令人愉快，本质上是好玩儿的。同时，它们也有助于塑造大脑。约翰·拜尔斯的一项关于羚羊和其他动物的研究表明，最佳的游戏阶段也是大脑中的小脑区域发育最迅速的阶段。如果在此阶段羚羊的活动受到了抑制，那么小脑中神经细胞的生长也会大大减少。有理论认为，小脑的激活可以增强发育过程中的大脑中许多区域的能量供应。虽然这一巨大飞跃还未被研究证实，但这并非不合逻辑。如前文所述，小脑的功能目前正在被神经科学研究团队重新评估。越来越多的证据证实，小脑不断地为提高人类的运动灵活性和思维敏捷性做出贡献（尤其是在大脑的最快发育阶段），两者正是流利的人类语言出现所必需的。

客体游戏

对"物体"的好奇和操纵是一种普遍的、天生有趣的玩耍模式，它代表了个体的玩耍"状态"（内在模式）。早期，勺子、磨牙圈或是食物成为孩子们玩耍的对象。蹒跚学步的孩子在十五个月左右的时候，其玩具就会呈现出高度的个性化特征。随着操纵物体技能（例如，敲击盘子、跳过石头）的发展，大脑中的回路也变得越来越丰富。我们根据物体的不同属性发现了不同的乐趣，如拼出一个拼图、把球踢进球门或是简单地把纸团扔进垃圾桶中。正如JPL实验室主管所发现的，用手操作物体能够创造一个更适合理解和解决各种问题的大脑。

想象力游戏

想象力也许是人类最强大的能力。它允许我们创造虚拟现实，我们可以在不放弃接触真实世界的前提下进行探索。想象力游戏最早出现在人类两岁左右，表现为零碎的片段故事。游戏学者布赖恩·萨顿-史密斯将这些早期的尝试描述为基于傻里傻气或不经之谈的部分叙事，不具备构成故事的所有元素——开头、中间和结尾。而后，随着孩子们的成长，他们获得了创造进行连贯叙述的能力。创造故事对全世界的儿童来说都是必要的，并且是他们游戏里不可分割的组成部分。不论年龄水平还是故事的完整程度如何，编故事的人说出故事情节时都会有一种愉悦的言语体验。

在这之后，儿童常进行想象性的游戏，自然而精力充沛地在现实和假想之间自由切换。相较于参与假想式冒险的孩子来说，作为听众或观众的成年人往往认为辨别何为虚假、何为真实是更重要的。

随着孩子们逐渐长大，虚假和真实之间的界线变得越来越牢固，但是富有想象力的游戏依旧持续滋养着他们的精神。正如我已讨论过的，一项关于成人意识流的细致检查表明，假装—真实的过程贯穿于人类思想的一生。我们不断在脑海中编造故事情节，以维持过去、现在和未来的联系。由于孩子们时刻都可能开始一次全新的生活冒险，他们会利用自己丰富的想象力为其正发展着的"情绪和认知交响乐"谱曲。

在一生中，想象力始终是情绪韧性和创造力的关键。剥夺研究表明，幻想—想象他人的内心活动并将其与自己的内心活动相比较是培养共情、理解和信任以及个人应对技能的关键之一。

社交游戏

从最简单的捉迷藏游戏到正式舞会，社交游戏在人类游戏行为中扮演着重要的角色。人类是群居动物，游戏是驱动社交能力引擎的燃气。游戏使得社会能够正常运作，人际关系得以蓬勃发展。以下是一些可识别的社交游戏亚型：友谊和归属感、打闹游戏、庆祝和仪式游戏。

友谊和归属感

正如我之前提到的，孩子们之间的社交游戏是首先通过"平行"游戏开始的。两个孩子可能挨着坐着，都在玩沙子、水、蜡笔或者积木。他们会意识到彼此的存在，但并不直接互动或进行

情感上的交流。这一类型的游戏是通向更多合作型游戏的桥梁。平行游戏中的孩子会开始接触他们旁边的玩伴，而且这种玩伴互动也成为他们游戏中的一部分。

到孩子们四至六岁时，互动型游戏成为其同理心发展的炼炉。当孩子们在游戏中提出自己富有创造力的想法时，他们会开始听取他人的意见、理解他人的观点。这种互动型游戏是贯穿我们一生友谊的基础。相互谦让、分享和传递热情是良性互动型游戏的特征。

打闹游戏

关于动物和人类打闹游戏的研究表明，它对于发展和维持社会意识、合作、公平和利他主义是非常必要的。打闹游戏的性质和重要性通常不被重视，尤其是不被学前教师和焦虑的父母重视。他们经常认为像击打、跳水和摔跤（在朋友之间微笑着完成）这类正常的打闹游戏行为是必须被控制的、无法无天的状态，而非一种游戏状态。缺乏打闹游戏的经验妨碍了社会控制所必需的相互谦让的形成，并且与人们晚年时较差的控制暴力冲动的能力有关。许多年前我们在研究得克萨斯州的年轻杀人犯时发现，与所采访的对照组的非杀人犯相比，年轻杀人犯的早期经历中缺乏打闹游戏。此后，大量实证研究支持了这类游戏的重要性，如关于老鼠打闹游戏的动物实验、安东尼·佩利格里尼关于操场游戏的广泛研究、乔·弗罗斯特关于操场游戏的三十八年的观察研究，以及我查阅的许多与这类游戏形式有关的临床综述。佩利格里尼指出，打闹游戏会随着年龄增加而变化。他的研究表明，早期活动如追逐打闹可能与个体后来的社交问题解决能力有关，而后来经常发生的攻击性剥夺有助于解决主导权和竞争力的问题。

乔·弗罗斯特是得克萨斯大学教育学专业的荣誉退休教授。他对打闹游戏的观察更加全面，这促使他积极地参与了校园操场的设计，该操场的特点是旨在培养从早期的学龄前儿童到十二岁孩子的游戏行为。在奥斯汀的救赎学校待了三十八年多，他一直在创新性地组织一个拥有多种自由游戏环境的大型操场。通过这些可以观察和设计操场的机会，他发现在操场的设置当中存在着诸多可以使孩子们终身受益之处。他提供给幼儿能够培养渐进式探索性的游戏环境，以及可以激发孩子们活跃的自由游戏和自发游戏的区域。这样，孩子们就可以充分地体验在轻度监管下的打闹游戏和自发游戏。他还在传统操场的附近建立了一个种着树木和本土植物的葱茏操场，在那里孩子们可以进行单独的游戏。

虽然他的观察是印象派的，但它们是基于系统的长期观察和非正式的后续观察。弗罗斯特认为打闹游戏非常有价值，能够为儿童成功合作的社会化提供必要且重要的基础。

在弗罗斯特看来，打闹游戏可以被笼统地定义为友好游戏或者打斗游戏，包括任何儿童身体接触的积极游戏。实际上，这个定义也被扩展到了超级英雄游戏上，这通常是受到电视角色的影响。学校里的孩子们扮演"好人"和"坏人"的角色，并在捉迷藏、追逐、"山大王"和模拟空手道等游戏中以某个主题进行玩乐。从婴儿期开始，打闹游戏在本质上就是综合性的，最初包括初步的象征性游戏和有组织的游戏。随着时间的推移，打闹游戏会发展成为更加复杂的版本，并随着儿童经验的积累和成长，呈现出有组织的体育运动的特征。

弗罗斯特说："许多成年人，包括老师，并不会区分玩耍打斗和真正的攻击行为，他们会禁止任何形式的摔跤、叫喊和假性攻击。然而，孩子们知道友好的游戏与真正的攻击行为之间的区别，并且在被允许游戏的情况下，他们会积极地参与打闹游戏，改变游戏的性质以适应自封的领导者的兴趣或要求。"

纯粹的身体上的打闹游戏会随着年龄的增长而减少，但是终生参与的游戏、运动和集体活动都是这种游戏的自然延伸，它们不仅是被允许的，而且能培养创造性的紧张感。

庆祝和仪式游戏

孩子们不需要正式的活动来开始游戏，因为他们会很自然地这样做，但把庆祝和仪式性游戏作为社交游戏的一种来讨论是很重要的。庆祝和仪式性游戏可能是一番生日庆祝、一场舞会、一次假期晚餐或者是"带我出去看球赛"的第七局。孩子们不会自发地参与到这些活动中来，但这种仪式性的社会经验会创造出储存着美好回忆的宝库，并帮助日后作为成人的他们培养出对仪式性游戏的兴趣。

严肃的成人仪式经常伴随着庆祝游戏，比如婚礼后的招待会。对于成年人来说，仪式和庆祝通常是必要的，因为它们既可以给游戏一个"正式"的借口，又可以使这种游戏模式处于社会控制之下。

讲故事和游戏叙事

"屋外的风呼啸着，雨水冲刷着屋顶。小女孩的妈妈说自己只离开几分钟，但是都已经过去好几个小时了，夜晚如同地牢一样黑暗。灯光闪烁着，然后熄灭了。她听见从地下室传出来的可怕的呻吟声……"讲故事通常被认为是人类认识的单元。它在人类早期的发展和对世界、自身及自身在世界中地位的认知中占据着中心地位。占支配地位的大脑左半球的一个关键功能就是不断地编造故事，解释为什么事情是这样的，这些故事构成了我们对这个世界的理解。故事是将不同的碎片化信息放入一个统一语境中的方式。随着我们的长大，故事的戏剧性使我们兴奋起来，无论是听大鸟（Big Bird）所呈现出的生活，还是听加里森·凯勒尔在沃比根湖的故事，叙事结构告诉了我们事物是怎样的以及事物应该是怎样的。

童年过后，故事仍然是理解的核心。当人们进行对错判断时，即使是在政治事务中或者在陪审团席上，他们也经常对已发生的事情进行构建，根据建构的故事结果来做出判断。当你阅读这本书时可能也注意到了，那些关于研究或者是游戏情景的故事比一些纯粹的科学更有吸引力，也更能让人感觉到其提供了丰富的游戏科学的相关信息。这就是人性。

讲故事能产生一种永恒感、愉悦感，以及一种替代性参与的改变状态，这些感觉使得叙事和讲故事同游戏状态联系到了一起。

变革性——整合性和创造性的游戏

游戏可以成为一扇通向崭新自我的大门，一个与世界更加合拍的自我。因为游戏就是尝试新的行为和想法，它让我们从既定模式中解脱出来。对于一直处于变化和成长过程中的孩子们来说，变革性游戏是他们世界中始终存在的一部分，但却经常被忽略。

然而，有时候对于真正陷入困境的孩子们来说，游戏可以提供一个戏剧化且有明显转机的范例。在拍摄美国公共电视台（PBS）的系列节目《游戏的承诺》的过程中，我们的工作人员被允许跟进一个九岁的女孩，这个女孩被认定为抑郁、没有朋友且不爱游戏。在学校里，她得留出时间来加入一个名为"通过游戏进行积极干预"的小组，这个小组是由一名训练有素的游戏治疗师精心组织起来的。我们在四个月的时间里，观察并拍摄记录了这个女孩。当她开始进入基本的游戏模式时，如跳舞、在玩具屋里玩玩具等，其孤立和不适当的社交行为开始改变，心情也变得轻松。在最后一次拍摄中，当她和朋友们（之前因为她古怪、不爱玩的行为而避开她的人）欢快自由地在操场上尽情玩耍，和老师们非常亲密时，工作人员都热泪盈眶。这一转变是因为她真正地参与到了游戏中，而不是在老师的指导下完成的。通过游戏，她内心的故事已经从贫瘠、悲凉走向了丰富、富有想象力。

当在任何年纪参与幻想游戏时，我们都会扭曲自己日常生活的现实，并在此过程中激发新的想法和存在的方式。对于成年人来说，白日梦可能会带来新的经商方式；幻想可能会带来新的爱；可视化可能带来房屋的重新改造或者一个新的发明。创造性游戏将我们的心带到我们从未去过的地方，开拓出现实世界可以行驶的新道路。就像爱因斯坦在想象自己乘坐一辆以光速行驶的有轨电车后，提出他的相对论一样；或者就像IDEO公司的一群无忧无虑的设计师疯狂想象他们可以创造出室内遛狗机的所有方法那样，他们都是利用自己的游戏力来革新和创造。

在一个健康的家庭中，这些游戏阶段会自然而然地出现，并从孩子体内冒出来。父母如果能够提供一个充满爱心、安全的氛围和示范性的嬉闹，就会让孩子玩耍的驱力得以自我表达。如果这些元素不存在，孩子们可能会错过一个或多个自然的游戏模式。我有一个令人不安但有启发意义的责任，那就是记录这些第一手资料。

查尔斯·惠特曼的生死

我对玩乐的第一次真正意义上的科学研究来自一个持枪的学生，这是2007年弗吉尼亚理工大学的大屠杀发生前，大学校园里有史以来最严重的一场大规模杀戮事件。

1966年8月，在得克萨斯州的一个炎热的清晨，一名叫作查尔斯·惠特曼的建筑工程专业的学生爬上了位于奥斯汀的得克萨斯大学的校园大楼，并开始向下面的人们射击。第一个受害者是一名孕妇。在被一名勇敢的市民和一名休假的警察击毙之前，他凭着精准的射击共杀害了十五人并打伤三十一人。警察后来发现，惠特曼在前一天晚上已经杀害了自己的妻子和母亲。

那时候，我是休斯顿贝勒医学院精神病学系新上任的助理教授。枪击案发生后不久，我接到了正在西班牙参加会议的贝勒精神病学系主任的电话。他打电话给我是因为得克萨斯州州长联系了他。康纳利州长本人曾在肯尼迪遇刺案中被枪击，险些丧命。他现在担心每个街角都可能潜伏着奥斯瓦尔德斯和惠特曼。康纳利要求立即展开调查，以明确惠特曼这样做的原因，以及我们如何在像惠特曼这样的人发动袭击之前识别出他们。康纳利授权动用所有必要的资金和资源来寻求答案，包括州长的专机。系主任让我负责调查精神病学部分，可以说这是最重要的部分。

大多数当下的推测（也包括我的猜测）都认为罪犯是一个精神错乱的偏执狂，但当射击者被确认后大家都震惊了。惠特曼似乎是一个有爱的丈夫和儿子；一名前海军陆战队队员，他曾是童子军历史上最年轻的老鹰童子军。然而，经过更深入的观察后，我们发现了惠特曼的真实本性以及他是如何走上这条路的。

当蓝丝带委员会的小部分成员在其探索性工作完成后会面

时，每一门学科，不论是毒理学、神经学、神经病理学、笔迹学、社会学、心理学和精神病学或者执法学，都被期望提出一个特别的观点。然而，我们却得出了一致结论。对我们大多数人来说并不感到惊奇的是，惠特曼父亲的过度管控和针对惠特曼母亲的无休止虐待，是导致惠特曼行为问题发展的主要因素，这也最终导致媒体称之为的"得克萨斯塔大屠杀"。对惠特曼一生的彻底调查也揭示了一个更令人惊讶的因素——在对每个进入过惠特曼生活的人进行了广泛的采访后，我们清楚地发现，他一生中玩乐的缺失是导致其精神机能障碍的一个重要因素。

这种玩乐的缺失是如何在他不断地滋事和凶杀案中起到直接作用的呢？在惠特曼人生的许多转折点上，他都看不到他父亲给他设下的框框之外的东西。自由发散的想象力所带来的多种选择，对于一个自然玩耍且安全成长的孩子来说是自发出现的，而在他身上并不存在。从学龄前儿童的平行游戏中开始的开放交流、即兴比赛所提供的不断扩大范围的相互谦让，以及更复杂的游戏所带来的选择，这都不是他能体会到的。

在惠特曼的家里，持续笼罩着的控制和恐惧使得正常的玩耍无法出现。惠特曼不被准许与其他孩子到外面玩。取而代之的是，他被强迫待在屋子里并做一些"有意义"的事情，比如练习钢琴。当惠特曼离开他父亲，与母亲一起在外面的杂货铺时，父亲仍旧会通过电话来控制他的活动。当家里有朋友来拜访时，老惠特曼要做的第一件事就是让儿子上台展示，要求来一场即兴钢琴独奏会或者是炫耀他教给惠特曼的其他一些技能。

结果就是，惠特曼所做的一切都不是出于他自己的本意。我采访了他的幼儿园老师，他们评价说即使是惠特曼小的时候，也不能真正自由地玩耍。他会观察别的孩子都在做什么，然后模仿他们，但从未真正"参与"其中过。教区神父告诉我，惠特曼并不知道忏悔是什么，因为惠特曼没法谈论自己因做了什么而感到难过——他只能谈论自己认为应该感到难过的事情。

随着惠特曼的成熟，他对这个世界的反应方式越发狭隘，局限于他的父亲对他设定的野心范围内，并被密切监视着。作为一名表面温顺的孩子，他的内心多年来一直暗流涌动。他未曾真正地找到打破他父亲控制的办法。因此，直到"得克萨斯塔大屠杀"时，他在情感层面上都孤独地生活着。他坚持走上了自己无法驾驭的道路，这并不是受他的欲望和需求所驱使的，而且除了这条道路外不存在其他的备选。他最后（也是唯一）真正自主的行动是视野狭窄的但实际上又极具毁灭性。他试图通过谋杀—自杀行为来获得内心些许的解脱，这在他的日记中有详细的描述。

惠特曼显然是父母过度控制的一个极端例子。在大多数情况下，让孩子们自己玩玩具，他们会玩得更自然，而一定程度的父母监督是必要的，会让孩子们感觉到安全和受保护。允许孩子们玩并不意味着他们对时间没有规划。许可自由玩耍的前提就是让他们有足够的安全感，这样孩子们就有信心不会有坏事发生。改变事物自然秩序的部分自由（"让我们假设这辆车可以飞起来"；

"让我们把所有乐高积木堆在地板上，然后看看我们能把它们拼成什么"），就是帮孩子认识到秩序将在此后重新恢复。学龄前的儿童可能不想停下游戏去打扫卫生，但是如果每天上午十点我们都以一种无评判、平和的方式告诉他们是时候去打扫卫生了，并且游戏也有这样的规划，那他们将会感受到合理化的情感逻辑，并在这种一致性中体验到舒适感。

一个人如果真正地擅于平衡孩子们对监督和自由、秩序和无序这两对缺一不可但又水火不容的需求，那可真是个奇迹。我的朋友明迪·厄普顿就是这样一名杰出的教师。她经营着科罗拉多州博尔德市的一所蓝天幼儿园。在那里，孩子们有许多的制度，但他们在制度中是自由的。明迪就如同最好的老师和看护者，可以把任何事情当成游戏来做，即使是在清理卫生的工作中也能让孩子们感受到喜悦。像明迪这样的好教师也会根据季节或孩子们的年龄举办一些鼓舞人心的仪式。

在许多部落里，提供秩序和自由的角色被赋予给了祖母们。她们不像其他成年人那样忙碌，所以会花时间让孩子们表达自己的想法，但同时又有足够的经验去设定安全的界限。甚至在我们的社会里，祖父母们通常才是有时间真正倾听孩子们心声的人。父母们往往忙于将孩子们塑造成他们认为他/她应该成为的样子。可能祖父母们才能看到我们真正的样子并帮助我们成长。我清晰地记得在我十岁时，我的祖父带着我在乡下开车，然后靠边停车对换我们的位置，这样我就可以自己尝试着开一会儿车。有时候他会在黎明前叫醒我，带我去一个小镇吃煎饼，然后带我去一块田地里给我演示如何安全地使用枪支。当他向我展示他的自动手枪时，我感到非常地不可思议和惊奇，这把手枪曾让他在贫穷时熬过了一整个冬天。真枪对于那个年纪的我来说是禁忌，但是祖父允许我做一些违背父母期望的事情，他们的要求不算太高，但比祖父的更为严格。可能这种祖父母辈给的红利就是我们能活这么久的原因，久到足以使我们自己成为祖父母，而其他的动物在繁衍期结束后不久就会死去。

孩子们进入学校后，自由玩耍的重要性有增无减。所有能诱导玩耍状态的模式不仅现在，而且以后都对孩子的成长、灵活性和学习很重要。不幸的是，在追求成功的高压下，我们常常忘记这一点而忽略了玩乐的必要性。"不让一个孩子掉队"就是一个完美的例子。尽管确保所有的孩子都达到最低层次要求的教育目标是令人敬佩的（甚至是必要的），但其结果通常是提供给了孩子们一个推崇死记硬背、着重技能和训练方法的应试教育，砍掉了像美术和音乐这样的"非必要"科目。在许多学区，课间休息和体育课也被严重缩减甚至取消。

对玩乐的神经科学研究已经表明这种方法是错误的，尤其是考虑到如今的学生将面临更多需要主动性和创造性的工作，而非这种要求死记硬背的教育方法所适用的工作。在某种意义上，他们所接受的教育是在为20世纪的流水线作业做准备，在这种工作中，工人们不需要有创造力或者有多聪明——他们只需要能够把指定的螺栓放进指定的孔中就行。

事实上，贾克·潘克塞普认为，剥夺幼小动物的玩乐可能会推迟或干扰大脑的成熟过程。值得一提的是，他的研究表明玩乐降低了大脑额叶受损的老鼠的冲动性——这种大脑的损伤被认为是模拟了人类注意力缺陷/多动障碍（ADHD），因为它会影响自我控制等执行功能。潘克塞普还对正常老鼠进行了研究，将刚刚进行了一次大型游戏的老鼠大脑和被剥夺游戏的老鼠大脑进行对比。在两种情况下，他和他的学生尼基·戈登都发现了游戏能够增加前额叶脑源性神经营养因子（BDNF）的基因表达，而BDNF是一种被认为与大脑成熟有关的蛋白质。潘克塞普认为没有玩乐，最佳学习、正常的社会功能、自我控制和其他执行功能都无法正常发展成熟。

这项研究让他提出了打闹游戏的缺失和多动症之间的联系。事实上，他们研究发现，"充分接触打闹游戏"减少了大脑额叶受损伤的老鼠的不恰当的过度亢奋和冲动。基于此，他和同事们提出了一种社交方案，对于轻度到中度的多动症孩子来说，喧闹的游戏可能是一种能够帮助他们控制冲动的方法（同时也对那些不一定存在多动症倾向的孩子有好处）。

学习和记忆

许多老师都知道，学习本身也可以通过游戏来提高，这就是为什么课堂上经常通过角色扮演或者模仿来教授一些很难或被认为很无聊的课程。如果孩子们被迫去记日期和名字，那么他们会认为历史是枯燥无味的，但如果让他们玩一个外交游戏或者想象自己生活在殖民时代的边疆，那么历史就会鲜活起来。真正的好教师也知道何时去使用幽默和讽刺让课程更容易理解。

我已故的叔叔布鲁斯在科罗拉多州的格里利教中学的科学、社会研究和数学。他在上课的第一天戴着一个鸭子形状的哨子，当被问及这是什么时，他会说："这是个秘密，它有着神秘的力量。"在接下来的几周里，他会谈论鸭子生态学、鸭子的迁徙模式等，并将它们作为课程的一部分。他一直戴着鸭子哨子却从来不用它。然后，在猎鸭季节的首日，他让自己的儿子带着一群性情温顺但看起来很狂野的鸭子，站在教室外面。毫无征兆地，我的叔叔把鸭子哨子放在嘴边，每当他的儿子把鸭子从一扇开着的窗户扔进教室时，就大张旗鼓地吹奏起来（嘎！嘎！嘎！）。三十年之后，这个班里的一名学生成为科罗拉多和太平洋顶峰拓展学校的校长，竟依然记得鸭子的迁徙模式、冬天的栖息地，以及许多其他的细节。天赋较差的老师所带的学生可能也学过，但早已忘记了。

有些人可能会贬低这些方法，说这些老师只是在娱乐学生，但这又有什么错呢？只要课程能够跟用其他的方法学得一样好，甚至更好。玩乐不是学习的敌人，而是学习的搭档。玩乐就像大脑成长的肥料，不好好利用起它才是疯狂的。

随着年龄的增长，我们被灌输学习应该是严肃的，学科是复杂的。我们被告知，这些严肃的学科需要严谨的研究，而玩乐只会使它们受到轻视。然而，刚入门一个学科就要学习它所有复杂的知识，可能会让人望而生畏，并由此感到困惑和沮丧。你可能喜欢音乐，喜欢钢琴发出的声音，但有人却告诉你，首先你得去学习全部的全音阶。有时候，学习一门复杂科目的最佳方式就是跟它做游戏。这就是为什么孩子们比成年人更快地学会计算机程序——他们不害怕试试看什么是管用的，而成年人则会担心自己犯错。孩子们不怕试错，如果真的做错了，他们就会从中吸取教训，下次改正。

当在玩乐中学习时，学习和记忆似乎也联系得更加牢固，更持久。虽然这只在动物试验中得到证实，但基于人类各种教育背景下的表现和结果来看，这对人类来说也是一个合理的假设。有研究结果很好地支持了这一假设，即充足的休息时间能够预测更好的后续行为表现。这可能是因为玩乐通常需要全身心的投入。玩乐状态是一种注意力完全集中于令人愉快的玩耍活动上的状态，记忆固着已被证实与高度的注意力和情绪奖励密切相关。此外，玩乐涉及整个大脑的多个感知和认知中心。正如我的同事——美国国家玩乐研究所顾问、心理学家斯蒂芬·西维所说，在玩耍时的老鼠大脑里，"玩乐会点亮一切"。西维也揭示了玩乐是如何影响大脑的某些"中早期基因"（c-Fos基因）水平的，这些基因促进了神经元的兴奋性和存活率。西维也对玩乐时老鼠的前额皮质中的这些基因的激活程度感到惊讶。他推测，玩乐能够加强以往只有微弱连接的大脑区域之间的联系，从而增强了对知识的记忆。

"芝麻街"的制作人早已深谙在学习中玩乐的力量，这使得它成为美国播出时间最长的儿童节目。1969年，一群致力于创造具有教育意义的电视节目的年轻人，决定以公司销售产品的方式来提供课程：就是有意地去模仿商业广告中那些简短、朗朗上口且令人难忘的片段。他们以幽默的方式吸引了孩子，但他们对流行文化的滑稽模仿也成功吸引了成年人的目光。制片人原本打算将木偶表演和真人街景分开布置，但测试表明观众对只有人类参与的场景不太感兴趣。但他们发现，如果木偶和人出现在同一个场景内，那么演员就可以传递各种实用的信息，同时不会让孩子们失去兴趣。这种幻想与现实、玩乐与教育的结合，一直是四十多年来有效且成功的结合，它催生了数十亿的生意，推出了许多成功的故事片，并吸引了从约翰尼·卡什到联合国前秘书长科菲·安南等众多嘉宾前来客串。

游戏的馈赠

这是全世界的父母们一次又一次见证的场景。在孩子两岁或三岁生日的那天，父母把生日礼物摆在孩子面前。激动的小寿星热泪盈眶地打开了礼物盒的包装，然后打开盒盖，拿出父母精心挑选的完美礼物。它也许是地球上最流行的玩具，是父母需要将自己列入某个名单才能买到的；它也许是对父母来说有特殊意义的一辆小汽车或一个小娃娃，是父母年轻时拥有的；又或许它是一件传家宝——祖父母曾拥有的一辆真正的铁皮卡车或者一个瓷娃娃。但是，可以想象，当他们的小宝贝对玩盒子比玩玩具更感兴趣时，家人们会有多么懊恼。

父母们应该为事情发生这样的转变感到高兴。这说明他们的孩子已经发展出了健康的游戏动力，这种动力来自他们自己的想象和欲望。盒子是一块白板，他们可以通过想象把它变成自己想要的任何东西。

随着孩子们长大，他们通常会被教导不要玩这种富有想象力的游戏。首先是父母，他们可能给孩子们施加压力，让孩子有负罪感，由此使孩子觉得真正应该玩精美的玩具而不是盒子；其次是无处不在的媒体营销，孩子们得到的玩具直接来自热门电影或者电视节目，这些玩具带有已经预设好了的一系列想法，比如角色是谁，以及孩子们应该如何玩这些玩具。这种预先编排好的剧本会剥夺孩子们创造属于自己的故事的能力。取而代之的是，他会模仿人们期望他说出的台词和表达方式，让他失去了放飞想象的机会。

真正的玩乐来自我们的内心深处，是玩家根本欲望和需求的表达，它与外部世界相互影响；真正的超越不是外部建立好的现成的玩耍方式，也不会完全受外部力量驱使；真正的玩乐来自我们内在的想象力，想象力是游戏适应力的一部分，伴随着玩乐的快乐，它整合了我们深层的生理、情感和认知能力。在不知不觉中，我们长大了，开始协调那些直达我们内心的影响。当我们感觉自己被心拉向一个方向，同时被脑拉向另一个方向时，玩乐可以让我们找到一条平衡之路或者第三个方向。所有证据都表明，当游戏自发于内心深处时，它才会获得最大的回报。

当玩乐源于先天动机时，那它也可能发生在我们为大多数突触神经的生长做准备时。那时，有很多问题都吸引着我们，这些问题甚至是无法用逻辑表达的。我们的欲望和需求是前意识的、未形成的，此时玩耍的过程就给了它们表现形式，并给它们注入了生命。这一过程虽在整个生命历程中都会发生，但更容易在年轻人身上看到。你会从小男孩看着一辆消防车经过时的喜悦中发现这一过程，然后当他说出自己迫切地想去消防站，获得一个玩具消防车时，又或者是在家里的卧室地板上摆放想象的火焰时，你会再一次发现这一过程。

当我们安排孩子们所有的时间，不断地将他们从一个成人组织或监管的活动转移到另一个时，我们可能认为这是在帮孩子的未来做准备。当然，在某种程度上，这些活动的确有利于强化孩子做出文化所认可的行为，也塑造了我们作为"好父母"的角色。但事实上，我们可能正占用了他们发现自己最重要的才能和知识的时间。我们可能剥夺了他们从某个活动中获得内在动机的机会，这种内在动机之后可能会发展成为他们生活的动力。

过去，孩子们都是在玩自我组织的游戏。四十五岁以上的大多数成年人可能都会有独自在水坑、田野或城市街道上探索的记忆。父母给他们的唯一指示就是在吃饭或者天黑前回家。

在我小时候，即兴游戏是在全国各地的空地和公园里自发出现的经典游戏。他们无法无天，也并非总有好的结果，但是他们有自己的一套风格和规则，充满着被打断、逆转、灵活性和规则变化。尽管看似混乱，但这些游戏存在于一种整体的、一致的结构和公平感之中。他们是在可接受的、最小的损失风险下进行的，并有保障措施。尽管在比赛过程中有相当大的混乱和噪声，但我仍然记得这个游戏很令人兴奋，也没有赤裸裸的攻击。

这些游戏的确让我认识了自己：精力充沛、易受攻击、跑得快也很狡猾，但我不像我哥哥那样是勇敢无畏的拦截者或抢断者。我需要他和他朋友们的保护来迎接游戏的挑战，并且他们自愿地为我提供了保护。参与这个游戏并融入其中是非常重要的。我记得当时的感觉……很激烈。但是，如果你受伤了，哭也没关系；欺骗或抱怨的行为是不被接受的；嘲笑你自己团队的成员也不行，但你可以嘲笑其他队的人。如果在游戏进行到一半时更换了队员，那么你也可以口头羞辱你的前队友。

在这些游戏之后，我们还商讨了游戏当中那些重要的片段、伟大的片段，以及出其不意的幸运片段。我们有自己的口头"精彩回放"，让能力突出的孩子在"聚光灯"下闪耀片刻，也会用清晰的语言让那些表现糟糕的人知道他们的不足。

我可以证明，这些由孩子们组织和主导的经历，不仅对我日后作为成年人的能力和观念、对我如何看待自己产生了巨大的影响，而且也对所有参加游戏的其他男孩产生了重大影响。道格·韦弗是一个明星，后来成为十大前卫，最后成为一名主教练。另一个明星，琳妮·基思在高中的时候运动能力逐渐衰退，但他对学术的兴趣和喜欢修修补补的天性让他进入了牙科。

现在回顾起来，这些由游戏启发的我和其他人的经历，比其他塑造的经历更加真实、持久，更能预示着未来的生活。当然，父母和老师是起关键作用的，但是通过游戏表现出来的自我是核心的、真实的自我。

唉，现在这种类型的游戏越来越少了。大部分郊区孩子现在都被家长从音乐课带到数学家教课，再带到足球比赛。每一项活动都由成年人组织和监督。这并不全是坏事儿。我认为在许多方面，孩子和成人之间的关系、孩子和他们父母之间的关系比我那个时代要密切多了。但是一些有重要意义的东西也丢失了。

我上一次去芝加哥的郊区和老社区时，发现没有空地，没有即兴比赛，取而代之的是成人监督的青少年运动。到处是忙碌的孩子和父母，路上行驶着越来越多更好的汽车，四周是更少的街道噪声和更清新的空气，在街边饭店里混合着各族裔群体，以及居住在维多利亚时代大房子里的多个家庭。这和过去相比已经不是同一个世界了。我和街上的孩子们（看见他们时他们通常正从一辆车上跳下，开始他们的下一次冒险）聊天时发现，现在的孩子大多更时髦、更能说会道，也不可避免地会发短信、打电话。与我记忆中的我的小伙伴们相比，他们似乎也能更舒服地跟成年人打交道。

另一方面，我相信孩子们在十岁或十一岁的时候，即使是在今天的足球或少年棒球联赛场上，也会创造属于自己的私人游戏领域，这看起来就像是趁教练不注意的时候偷懒。孩子们天生的游戏设计能力太强了，以至于我们不能完全置之不理。他们会找到维护自己社区、社会化模式和个性化的新方法。一名记者最近写了一篇关于开车载着他的孩子和孩子们的朋友们从一个活动赶到另一个活动的文章，他注意到后座的人群中有着奇怪的咯咯的笑声。进一步深入了解后发现，孩子们都在用手机互相发信息，这样他们就能当着大人的面，坦率而秘密地交谈了。他们正在创造自己的私人游戏区，在游戏区里他们可以自由地社交。

当孩子们创造属于自己的游戏时，家长就很容易开始担心其中的风险。孩子们在互发信息时，家长在想他们不想让我们听到吗？是骂人的话吗？是不恰当的性对话吗？他们在伤害别人吗？或者如果我让他们自由闲逛，他们会在机动车道上骑自行车吗？他们会淹死在池塘里吗？他们开始吸毒了吗？这些都是父母自古以来就在纠结的问题，并且可能一直纠结下去。但为人父母就得学会接受一个现实，那就是我们让孩子们安全、成功和快乐的能力是有限的。我们的确应该为此努力，但最终他们会靠自己学会成长和独立（我们都希望如此）。所有的父母都需要促进孩子们这种内部驱动的、自我指导的游戏，让他们自己变得安全和自信。这类游戏存在一些风险，我们应该对风险监控并将其最小化。

但就我的长期经验来说，试图抑制孩子们的自由游戏或严格控制他们的活动对其未来的健康、成功和幸福构成了更大的威胁。

成年：青春期的第二阶段

希腊人创造的"大二"（sophomore）这个词，完美地抓住了青春期"矛盾"的这一特征，其字面意思为"聪明—愚蠢"。在青春期，孩子们被拉向相反的、互不相容的方向，并由此被撕成碎片。他们被期望承担起成年人的责任，但却没有被赋予成年人的特权。他们有着惊人的洞察力，有时候甚至比他们周围的成年人更加敏锐，但仍然会出现极其惊人的巨大判断失误。

最后，青少年期的目标不仅是获得在这个相互依赖的世界中茁壮成长的技能，而且还要求获得个性和独特性。孩子们的任务是与父母分离，同时保持着密切又充满爱的关系。难怪这会是一个充满困难和困惑的阶段。

为了达成这一目标，青少年发育出了一个全新的大脑。我只是有点夸大了。

神经科学家已经表明，在青春期，一套自出生以来就一直沉默的全新大脑基因开启了，并以一种在子宫中早期发育以来都无法比拟的水平，创造出新的神经生长开花期和皮层神经元修剪期。随着神经混乱的自行解决，孩子们可以用一种独特又令人惊讶的方式来看待这个世界。研究已经表明，给青少年被试呈现各种面部表情的图片时，他们往往会对图片中人物的情绪作出非常奇怪（且错误）的推断。由于这些对日常刺激的奇怪感知，事实上青少年在某些方面与我们生活在不同的现实中。这不仅仅发生在青少年时期。这种大脑的发育一直持续到二十多岁。这点尤为重要，因为我们的社会将青春期延伸到了传统的高中时代之外。

青春期的孩子们通常被要求严肃起来，"放下那些幼稚的事情"，并为进入成人世界做准备。然而我想说，孩子们在承担责任的同时，学习如何以适合这个年龄的方式保持玩耍的能力是这个年纪最重要的任务之一。

这到底是什么意思呢？如果必须这么做的话，怎样才可以保持玩耍的能力呢？孩子们需要完成家庭作业、家务和体育项目。在许多家庭中，他们还有很多放学后需要完成的工作，如在教堂的职责，或其他家庭义务。当被问及是否超负荷时，一些孩子会看着清单说："核对、核对、核对是否完成了这上面的所有任务。"

随着孩子们逐渐接近上大学的年龄，许多家庭开始意识到，孩子们需要努力学习、取得好成绩，同时也需要玩耍并找寻自己的快乐。这从来就不是一个能容易或简单解决的问题。父母们感到有责任为孩子们提供最好的机会。提供优质的教育并帮助孩子在高三结束之前积累一份令人印象深刻的简历是许多家庭的常态。然而，正如我顽皮的朋友鲍恩·怀特博士所说，这种模式"正常但并不健康"。还有什么替代方案吗？我建议家长允许自己的孩子做出明智的个人选择。家长们尽早提供给孩子们大量的环境机会（早在高中之前就开始），并鼓励孩子们继续那些小时候玩耍时在自然选择中发展形成的早期游戏模式。舞蹈家兼编舞师吉莉安·琳妮的父母发现了她小时候的一个天赋（起初看起来像是个大麻烦），并培养了她的舞蹈能力。父母和教育者、企业领导者以及其他人需要相信这样一个事实：长期的生活技能和有价值的成就感——甚至绩效——更多的是与玩乐相关的活动的副产品，而不是被迫的表现。

真正掌控一个人一生的是他内心的游戏罗盘。当父母和老师们都苛求孩子去做什么时，他们就体会不到胜任感，也不会从自己的掌控感里进行创造。

无论进入一流大学的压力是来源于父母的野心、文化的压力，还是经济保持向上发展的需要，其结果都会导致许多高中生为了追求完美的简历而放弃了他们所喜欢的一切。哈佛校友迈克尔·怀恩瑞普在一篇文章中写道，他面试了一个申请加入哈佛招生委员会的聪明且年轻的申请人，尽管该名学生的平均绩点是4.0，SAT分数很高，参加过当地收容所的志愿工作，放弃暑假在当地的监狱里教人阅读等（换句话说，该名同学拥有一份完美的简历），但这依旧可能是一个不会被录取的孩子，因为这里有太多"完美"的孩子提出申请了。父母们深知这一点，于是期望自己的孩子可以更加完美，所以这些孩子承受的压力是非常大的。《纽约时报》最近发表了一篇关于一所高中的文章，在那里孩子们不吃午饭以便最大程度地提高学习成绩，这是以此增加他们获得升学资格机会的一种方法。正如《石板》杂志最近的一篇文章所说："那些玩游戏玩得最多的孩子通常会得到奖励：那些学习十五门课程，在三个管弦乐队演奏单簧管，在夏天管理一个柬埔寨难民营，整个冬天都不吃午饭的孩子，确实比那些放学后就在隔壁空地上踢球的孩子更有机会进入大学。"

这表明，人们对自由选择的、基于玩乐的活动缺乏欣赏，尽管这些活动有助于提高长期的生活满意度。十几年来，每年秋天我都要为一群斯坦福大学预选的高中二年级学生举办一场关于玩乐的研讨会，随后他们会参加一个为期两周的领导力活动。我注意到这些学生都很聪明，但随着斯坦福大学近年来越发激烈的入学竞争，我发现他们的自主意识已经减弱了。至少在我看来，他们自发的快乐从过去几年开始就变得越来越少。他们似乎掌握着更多的信息，并有一个稳定的雷达引导他们来取悦教授。在我看来，除了少数例外，他们长期以来都被剥夺了玩低等级游戏的权利，他们已经习惯了忙碌、压力大、表现优异的生活（尽管他们还是孩子），以至于他们没有意识到自己在追求学业卓越和成功的过程中错过了什么。

或许伊利诺伊州的内珀维尔203学区正在引领一种更健康的趋势。约翰·雷蒂在他的开创性著作《火花》中写道，麦迪逊初中的体育主任菲尔·劳勒是如何在学校体育教育方法中进行一场改革的。在内珀维尔开发的这种专注于有氧运动和终身健身的模式，为孩子们提供了一种在身体层面上积极生活所必备的技能和经验。学校采取个性化的方法，鼓励每个学生朝着他或她的个人健身目标而努力。学生们从事各种各样的体力活动，包括传统游戏和活动，以及更加新颖的游戏活动，比如爬墙、舞蹈革命以及视频游戏，如交互式固定自行车课程模拟。

PE4life是一家致力于在美国学校推广优质体育教育的非营利组织，它采用了内珀维尔模式，并且通过在全国各地的学校建立PE4life学院来推广这一模式。通过允许学生自己选择活动，他们将游戏引入到学术项目中。内珀维尔203学区的高中一直在通过不断为高年级的孩子修改中学课程，以此开辟新的前景。随着身体素质的提高，孩子们的学习成绩也得到了显著提高。菲尔·劳勒从向运动员（甚至也面向非运动员）介绍心血管健康开始，就惊讶地发现他们的成绩提高了。随着健康和学术成就的积累，更多有趣的活动如广场舞被引入，并且这些活动都是非常充满活力的。

因此，在我看来，内珀维尔地区并没有在学生的简历中填入更多的学术课程，也没有取消掉体育课，而是努力将体育活动、学术和玩乐结合起来。虽然监测心脏健康是这些项目的主要组成部分，但是有压倒性的证据表明，允许孩子们选择自己想要进行的活动（必须是高强度的有氧运动），孩子们就会玩得很开心，同时也会改善他们的身体状况和大脑功能。

我认为对孩子们来说保持一种洞察力是非常重要的。他们要认识到，承担责任、在学校获得好成绩，以及所有其他的一些青少年任务都很重要，但这些并非生活的全部，也不是生命最终的追求。非常矛盾的是，这些事情是很重要，但又并非那么重要。这种稍微的距离感和讽刺感是支持我们度过一些困难时期的原因。成年人可以模仿这些品质，并在这个过程中改善自己的生活。

说到讽刺感，我并不是指像愤世嫉俗这种来自对世界阴暗面的看法。我所说的讽刺感指的是允许孩子们自嘲以及可以（常常）嘲笑他们所生活的这个荒谬的世界。每当我看到一个具有强烈讽刺感的孩子时，我就会想："那个孩子可能会发展得比较顺利。"对生活持一种玩乐的态度，不把人气、竞争性的学术或成人的批评等在内的所有事情看得太重，这点很关键。与此同时，我们也要关注到成长的保障，要遵守法律，不要过度冒险，避免成瘾等。在这里，我推荐一本鲜为人知但十分经典的书——约瑟夫·米克的《生存喜剧》，它可以引导青少年（以及成年人）走向一个非理想化的世界。

我经常为孩子们和成年人做的一个很好的练习是，让他们去想象自己未来五年或十年的生活。这个练习的重点应该放在可能会让他们真正开心和兴奋的事情上，而不是想象他们是否会成为一名律师或者变得富有。这本身就是一种想象力游戏。它让人们跳出自己的日常生活，看到一幅更广阔的前景。它也让他们清晰地看到自己真正渴望的生活是怎样的，去关注那些出于真实和核心自我的东西，而不是关注于世界想要让他们成为什么样的人。一旦人们有了这种愿景，他们就有能力去实现它。

我认为，任何人都不应该死死攥住某一特定的愿景。就像玩任何游戏活动一样，人们需要对即兴创作和意外发现保持一种开放的态度。记住，这个练习的重点并不是去制订一个五年或十年的个人发展计划，而是弄清楚你是谁，什么样的未来会在情感上与你对话。当我们向它们敞开心扉时，最有意义的活动和兴趣就会显露出来。目标本身是好的，但是过分执着地追求这些目标会抑制成长和理解。在发现什么会在情感上吸引我们之后，那些最强烈的，或者是最能引发共鸣的情感，会引导我们创造出一条现实的前进道路。

比尔·盖茨离开哈佛是因为他热爱计算机。向 JPL 展示了动手游戏重要性的内特·琼斯喜欢汽车。奥普拉认识到自己的天赋，并与它一起成长。退役的棒球明星奥齐·史密斯在小时候将球扔过屋顶，然后追过去的时候，会想象自己是专业棒球运动员。这些都是充满情感的选择，而不是理性地制订十年计划。

尽管我认为运动和其他成人组织的活动可能有些过度，但运动可以成为青少年时期游戏生活的有力训练。运动提供了一个为共同目标而团结一致的现成同伴团体。它教会我们如何与逆境抗争，即使是在困难似乎不可逾越的时候。成年人组织的体育运动如果做得好，就不一定是反游戏的。

当提到模范运动项目时，我经常想到教练加里·阿维希奥斯，他为六至九岁的孩子们辅导冰球。他随机地组建队伍，也并不招募天才，但结果是得到了各种能力的真正结合。他不是一开始就让孩子们进行比赛，而是让他们头顶曲棍球棒，在镇上的人行横道和空停车场滑冰。他让他们在有草坪的小山上滑冰，这样就算是摔倒了也不会受伤。他们玩得很开心，学习绕着物体滑和倒着滑。这让他们能够培养自己的技能，同时让加里能够感受到孩子们的个性，从而发现谁需要额外的帮助。他们也会做一些让孩子们团结在一起的练习。

当他们最后进入溜冰场训练时，用的不是冰球，而是迷你足球。这几乎是不可能控制的，这样他们就能得到移动和传球的感觉，哪怕搞砸了也不会感到羞愧。当使用真正的冰球时，他们就会更习惯于传球并发现冰球更容易控制。他们在混战中尝试射门前，必须在争球中反复多次练习传球。在训练这一点上，孩子们已经意识到他们从教练那里得到的都是积极反馈。当他们准备去玩真正的比赛时，已经学会像个团队一样充满活力和技巧地一起合作，并期待着竞赛的乐趣。相互尊重的标准是对个人进步的认可，而不是对明星地位的认可。

结果是，在过去的十五年里，加里的球队共十三次赢得了所在区的冠军。但比这更重要的是，无论输赢，孩子们都乐在其中。有一年，他们并没有获胜，而我恰巧参加了冠军赛后的宴会。加里的队伍和冠军队都在宴会上，邻桌相坐。两支球队之间的对比非常明显——加里的队伍玩得很开心，有说有笑；而另一个队伍则比较压抑，神情严肃，看起来好像并没有享受冠军的胜利。对于这个年龄段的孩子来说，这位获胜的教练是处在团队非常核心的位置的，他总是打着领带，不容忍愚蠢的行为，并不断地通过技巧和训练来管理球队。尽管他们是获胜者，但见此情形的任何人都会误以为加里的球队才是冠军。事实上，当服务员走近加里的球队，询问他们赢得奖杯的感觉如何时，他们欣然告诉他其实他们输了。

体育运动提供了关于自己身体才能的反馈，以及参与、获胜、失败和公平的感觉。因为运动竞赛是比赛，也因为其结果不会（或不应该）对我们的幸福感产生实质性的影响，所以给了我们看待生活中其他斗争的视角。难怪我们的社会如此痴迷于体育。普林斯顿大学前任校长威廉·鲍恩曾经做过一项大型统计研究，以探究运动员们在进入大学时获得的特殊优待（较低的SAT分数、额外的经济资助）是否公平。鲍恩惊讶地发现，作为一个群体，运动员们在大学毕业之后的经济状况实际上比其他学生更好。他把这一事实归功于体育培养的动力和活力。其他研究表明，在大学时期参加过体育活动（不一定非要是大学水平）的人在晚年会有更好的身心健康状况。

尽管从社会的视角来看，我们经常把体育看作儿童时期的一项重要的群体性格培养活动，但是在很多其他领域，青少年也可以建立一个建设性的同辈群体。演讲和辩论、喜剧、数学俱乐部、艺术、乐队和交响乐也为志同道合的孩子们提供了一个玩耍和探索的机会。三十年前，家用电脑俱乐部曾经很大，而现在硅谷的机器人技术在孩子们心中占有重要位置（机器人的比赛是不可思议的）——这只是今天的玩具如何变成明天的技术的另一个例子。

从孩子到大人

成人礼是从青少年过渡到成人的仪式，个体会在这一过程中发生某些改变。成年礼会建立起一种自我意识，这种自我意识会带来自信。它们包括打破常规、走自己的路、面对困境、为社会做出贡献。在神话中，归来的英雄不仅变得更加成熟和强壮，而且带来了对社会有益处的新东西。纵观人类历史，在现实中、在故事和神话中都是如此。

我自己的成年仪式并非十分凶险，但仍有很多挑战。我十五岁时在芝加哥南部的一个非常贫穷的地方找到了一份送货的工作。我的父母知道我在家那条街上一家生意兴隆的杂货店工作，但他们不知道我上班时的真实细节。在周末，我给混合族裔蓝领区里的很多家庭配送大箱的食品，该区以四层老公寓楼为主，而且这些家庭大部分住在顶楼（没有电梯也没有暖气）。顾客从杂货商那里得到的优惠是，如果他们大量购买就可以享受免费送货。这些拥挤不堪、气味难闻的公寓，是战后芝加哥社会的真实写照。在那里有垂死的老人、智障的男人、酗酒的醉鬼、残疾人以及许多从世界各地刚刚来到芝加哥的人。他们都很贫穷，家庭主妇们会非常勤奋地检查每周或每两周食物清单的每一项。如果我打破一个鸡蛋，那就是共同的悲剧。我花了很长时间，挣扎着把东西送到他们的顶层公寓。

在从事这份工作之前，我从来都不知道人们是这样生活的。这里通常是这个小镇危险的地方，而这个事实是我（愚蠢的年轻骑士）从未想过的，但我仍陶醉于有足够的力量去把堆叠的箱子搬上又窄又黑的楼梯。我每一个小时就处理一次停车纠纷，说服警察不要给我开罚单，也会打消一些不切实际的念头——偷窃车主的新水星旅行车，或放大我的钞票卷（所有交易都是用现金）。

这次经历让我大开眼界，也改变了自己。我发现我能在困境或险境中应对自如。当然，我现在回头看发现当时真的不知道那是多么危险。如果我的父母知道，他们一定不会允许。我猜那时的父母没有现在负责任的父母那样有保护意识。但当我回忆多年前的个人经历时，我意识到这正是一个让自己敞开心扉，积极认同所看到的斗争和悲伤的好机会。尽管我只是一个在市中心送货的高中生，但这次冒险的经历，激励着我在生活中去做一些比提高自己的驾驶技术更积极的事情。因此，这种让人兴奋、逐步扩大和有趣的成长仪式一直充满激情地延续到了今天，我也希望通过这本书让大家从更广的视角看到玩乐带来的好处。

对于我们所有人来说，"进入没有道路的森林"并找到自己的道路是变革体验的重要部分。

"拓展训练项目"是一个很好的例子，在这个项目中，风险是真实存在但可控的，并且参与者往往比领导者认为风险更大。我见过这样的仪式是如何改变孩子的。

我的朋友是一对常常怀着好心却陷入困境的父母，他们十六岁的儿子是他们最大的担忧。这个叫哈利的孩子非常聪明，假装是很世故成熟的电视迷，沉迷于电子游戏中的黑暗主题，被沉闷的存在主义文学所吸引，但显然还停留在幼稚期。我一直积极参与拓展训练项目，并且知道当时在北卡罗来纳州山区实施的项目是有条不紊、严格和安全的。因此在我的建议下，哈利的父母给他报了名（他有一些轻微的抵制）。一顿丰盛的早餐后，这个由十位在城市长大的十六岁的少男少女们组成的团队开始前往一个遥远的露营地。他们背着装满水的沉重包裹，但没有食物。大约上午十点钟，哈利停下来，又累又饿，想要些吃的。领队说："晚一些，再晚些。"对于哈利来说，这是他一生中第一次不能在饿的时候吃零食。这一天很长、很累。到了下午四点左右，他们又累又饿地到达了营地。"晚饭来了，"领队宣布，"生火做饭！"于是事先被藏起来的一袋活鸡和一袋土豆摆在了大家面前。混乱无序的状况随之而来，因为没有人知道如何宰杀和处理活鸡。但是饥饿和疲劳压倒了任何不愿成为灵长类食肉动物的意愿。到了晚上七点左右，他们把拔了毛的鸡架在火上烤，这群饥肠辘辘的人开始了进食。

这次特别的户外拓展旅行，充满了意想不到且有挑战性（但可行）的任务，持续了三个半星期，以八英里的长跑结束。哈利成功了，以一个全新的、自信的形象完成了这次历练。他从未后悔过。现在，他成为一名出色的铁人三项运动员和医科生，他成功地改变了自己。他认为导师的指导和融入大自然的经历为他成年早期的成功打开了大门，这些活动起初他是被迫参与的，但最后变得有趣起来。

有些父母不给孩子们自主学习所必需的独立性。我见过许多父母仍然帮自己的孩子写论文——然而这些孩子已经上大学了。一些孩子以优异的成绩从顶尖大学毕业，但后来却迷失了方向。他们真的并不知道自己是谁，因为他们从未自己去发现。他们擅长人际互动，因为他们知道如何取悦他人。他们的上级和教过他们的老师都很喜欢他们，但他们仍感觉内心空虚和不完整。

青春期带来的最后一个潜在的转变，并不是发生在孩子身上。为人父母在很多事情上都只是要求过得去，确保孩子膳食均衡和完成学校的功课，努力教给他们责任感、慷慨和是非观念。但有些时候，我们也会传授知识，比如什么才是生活中真正重要的东西，如何直视别人的眼睛，如何自信地与他人握手，如何有远见，如何清楚地设定目标，以及如何有条不紊地完成目标。当我们成年人告诉孩子们这些事情的时候，我们也会看见自己最好的一面，这会启发自己如何更好地生活。

为人父母的快乐和痛苦之一就是在自己身上看到自己父母的影子，看到他们的优缺点反复重现在我们身上。快乐和痛苦也来自我们能在自己的孩子身上看到自己的影子，从他们的经历中回忆起自己快乐的日子和受过的创伤。如果我们不是太过于自我或严肃，我们会发现在帮助自己记起如何玩耍后，就可以更好地帮助孩子获得快乐。如果我们对自我评价持开放态度，并以轻松的态度看待我们的人生机遇，就会找到一种玩乐的方式。

第五章
工作不是玩耍的对立面

　　我的一位同事芭芭拉·布兰宁似乎在三十多岁时就步入了人生的巅峰。她曾担任多个医院和技术公司的人力资源主管，并连续多年获得晋升。她婚姻幸福，在孕育一个孩子之后不久，又有了第二个。随着孩子们的成长，她更多地参与了社区活动，并开始在当地一家食品银行做志愿者，还成为家庭教师协会（PTA）的主席，帮助重建科罗拉多小道，并成为专业协会的主席。但是她发现自己把大量的时间都花在接送孩子、参加和组织各种活动上了，而自己享受壁球和滑雪的时间越来越少，哪怕只是在周末去一趟杂货店和把衣服洗完，都感觉像是取得了一项重大的成就。她组织了和朋友间的饮酒聚会，还有马拉松式的问答游戏，但一切可以给她带来的满足感越来越少，她组织的活动也逐渐少起来。不久后，她和她的朋友们意识到真的很累，在电影前发呆都成为她们休息时间的亮点。她的社交生活主要就是与朋友们通电话，而通话内容都为对工作、孩子、天气和生活的喋喋不休。

　　当她崩溃的时候，谁都不觉得意外。她因为过度劳累而手臂受伤，甚至开始感受到一种无处不在的悲伤，无法像以前那样快乐地生活。

* * *

杰森在大学里学习美术，对制作珠宝的过程非常着迷。他热爱各种设计创新，通过精细工艺将多样的材料制成动人的作品。他师从一位珠宝大师几年后，在加州帕洛阿尔托开了一家属于自己的珠宝店，获得了巨大的成功。他与人们密切合作，准确地了解他们想要什么，亲自设计并用原材料制作出来。他总是帮助人们实现梦想，对将梦想变成现实这样魔术师般的过程感到兴奋。但多年之后，尽管作品卓越、广受赞誉，他仍然开始觉得人生不完整。杰森发现自己越来越喜欢和人一起工作，一个人在店里工作让他觉得是一件苦差事。他越是试图忽视这种感觉，就越觉得工作像是一种负担，最后，他不再想去工作室，也不想看见任何珠宝，这对珠宝师来说是一个严重的麻烦。

* * *

马克高中一毕业就在一家餐厅工作，他很喜欢这家餐厅。老板对马克的努力工作印象深刻，但马克并不觉得自己在刻意努力。他喜欢了解餐厅里的每一项工作及制度，并发现自己有一种能够在细节上提出建议的天赋。这些细节并不吸引人，但却决定了餐厅的运营。比如建议改变菜单，在不降低质量的前提下降低菜品价格；改变餐厅服务员的时间表，甚至是改变可回收垃圾的分类系统，这些想法提高了餐厅的效率和收益。这些看起来一点儿也没有意思，但马克对这些经营的难题都提出了解决的办法，并觉得自己玩得很开心，甚至和厨房工作人员和服务员开玩笑，以一种不会妨碍工作的轻松方式让时间过得飞快。

很快他就被提升了，接着，又一次被提升。当老板把他安排到更需责任感的管理岗位上时，马克开始觉得自己不应该用开玩笑的方式对待工作，而且自己的工作是不让别人偷懒玩耍从而完成更多的任务。他认为没有人有权利抱怨，因为自己比任何人工作都努力。晚上十一点餐厅打烊后，他会在办公室里坐上几个小时仔细地检查账单，再拖着疲惫的身体回家，甚至有时睡觉前都没有力气去厨房里洗沾到的油渍；第二天，又会在早上八点之前回到餐厅，监督送货。一天清晨，他坐在早餐桌旁一边喝咖啡一边看电视，时钟上的指针滴答地从早上八点转到九点、十点，他并没有感到不舒服，但却筋疲力尽到无法想象自己能有力气从桌边站起来。一个对他来说是如此新奇的问题萦绕在他的脑海里——这就是生活的全部吗？虽然他认为自己是唯一被这个问题所困扰的人，但事实上有很多人都会这样问自己。

* * *

芭芭拉、杰森和马克，他们的例子都充分说明，玩乐不是工作的对立面，玩乐的对立面是抑郁的情绪。沉重的责任感埋葬了我们对多样性和挑战的内在需求，长远来看，当这些生活兴趣元素消失时，剩下的只是一个迟钝的灵魂。

玩乐和工作并不对立，而是相互支持的，它们不是世界的两极。工作和玩乐更像是防止我们头顶上房子倒塌的脊梁。虽然我们一直被教导玩乐是工作的天敌，但我却发现，如果没有对方的存在，另一方无法蓬勃发展。我们需要玩乐带来的新鲜感、沉浸其中的心流体验，以及活在当下的力量。我们需要玩乐给予我们的灵感与活力。我们也需要工作提供的稳定收入、为他人服务的付出感，以及融入世界的感受，我们大多数人都需要感到自己有能力。即使是一生都不需要工作的富人，他们也会发现自己愿意为慈善事业做志愿者或捐款，以获得联结和使命感。

工作和玩乐的共同本质是创造力。在两者中，我们都构建了自己的世界，创造新的关系、神经连接和对象。甚至拆除或砸毁沙城堡也是一种形式的创意，因为它们清除了障碍，为新建筑开辟了道路。当工作和玩乐融合在一起，便是理解世界和我们自己最好的时刻。

尊重我们对玩乐的基本需求，可以给工作带来兴奋和新鲜感。玩乐在我们应对困难时提供了一种更开阔的感觉，促进我们更好地掌握技艺，是创造过程必不可少的组成部分。最重要的是，对玩乐真实的内在需求和渴望，是我们在工作中找到持久性快乐和满足的唯一途径。从长远来看，工作不能没有玩乐。

现在可以很明显地看到，工作之外有玩乐无疑是一件好事。玩乐之所以被称为娱乐，是因为它使我们焕然一新，它重新创造了我们和身边的世界。正如劳雷尔所谈及的像她开始骑马的情况那样，一个人的生活只要有一点真正的玩乐，就能让包括工作在内的一切恢复平衡。一个美好的假期，不是无休止地打包、开车、乘飞机和组织活动，而应该是能让我们沉浸于自己所热爱的并感到焕然一新。当人们结束真正玩耍的假期回到工作岗位时，能对工作充满渴望和活力。

玩乐是大自然创造新神经连接和协调认知困难的最好工具。创造新模式、发现不寻常、激发好奇心和警觉的观察能力，都是在玩耍中培养的。当我们玩耍的时候，困境和挑战会自然而然地通过潜意识解决掉。玩耍结束后，人们不但精力充沛，而且对工作有了新的想法，这一点并不少见。

卡尔花了一天的时间远离工作。作为一名医院的管理人员，他感觉自己在工作中过度劳累且遇到阻碍。一天早上，他突发奇想决定休假一天，去赛马场排解心中的苦闷。那天是星期四，当地的马里布大奖赛在场地里提供可无限使用的汽油驱动赛车，而且费用仅需二十五美元。整个上午，卡尔开着赛车极速漂移，试图让自己的思想完全远离工作。渐渐地，他每一次转弯的用时在减少。但是，大约在上午十点，他遇到了瓶颈，不管如何完美地完成转弯，他每圈的成绩都只上升或者下降零点几秒，降幅始终不大。于是，他非常勇猛地尝试在每一个弯道上冲刺，四个轮子在每一个弯道的边缘滑过，仅在必要时踩刹车和油门。终于他的时间减少了。虽然他没有明显感受到车开得更快，但是加速开车时所带来的感觉仿若冲破了某种无形的障碍。

到了下午，卡尔已经热得满头大汗，但却感觉内在被净化且非常放松。他成功地让自己头脑清醒，摆脱关于工作的任何想法。奇怪的是，就在他最后一次把车开进站点的时候，他突然对工作有了顿悟。他发现自己工作过于努力，以至于无法在每一个项目上都与同事达成共识。他告诉我说："我意识到，有时人们不想参与决策过程，如果一些人没有明确的意见，达成共识就像堆果冻一样困难。"卡尔意识到，他需要带着在赛马场的目标感，克服医院官僚作风的困难。在解决圈速问题时，卡尔的游戏思维与更重要的问题解决方案联系在了起来。

在工作中玩耍

然而，在工作中玩耍能行吗？我认为这是必要的。

首先，当工作变得困难时，遇到困难的人就应该去玩。例如在与消防员或警察交谈时，他们会告诉你，互相开玩笑是工作中的一部分。他们的黑色幽默常常帮助其应对工作中内在的危险，而如果过多地考虑在值班的时候会死去的可能，并不能提高工作效率。对工作中多种可能的死亡难以释怀是可以理解的，但是这样做更易让人在面对危险时不知所措。

玛莎·盖尔霍恩是一名记者，曾与欧内斯特·海明威结婚。她介绍说，当作为一名战地记者和一群美国官员坐在杂乱的大厅里时，她很快就了解到了越南战争的进展，她也曾亲眼见证第二次世界大战（她在诺曼底登陆后不久抵达法国）和朝鲜战争。盖尔霍恩注意到，最好的警官们对其致命的工作都有一种扬扬自得的态度，持有一种生活或战斗的乐趣。当她坐在越南的食堂里，迫击炮弹落在不足以造成危险的较远地方，但当她看到军官们都在躲闪、脸上充满恐惧时，她就知道战争已经失败了。

当然，大多数工作都几乎不存在死亡的概率，但也有很多的危险威胁到个人的生存。这包括总存在着被人看扁、说坏话、造成公司损失或者被解雇的危险。这些焦虑来自竞争，以及无法控制的市场力量。就像生活中的许多事情一样，重点往往不在于问题本身，而在于如何应对问题。如果人们的反应像是站在迎面驶来的汽车前被晃眼的车灯吓呆的鹿一样，最终死于车祸的概率会大大增加。而当所有的员工都把注意力集中在个人或集体可能的失败上时，这种沮丧的气氛会消耗掉获得成功所必要的精力和乐观情绪。在这一点上，玩耍则能把人们从情感上团结在一起。我认识的一位首席执行官（CEO），他把员工召集到公司礼堂谈论最近一个季度的惨淡业绩，先主动地为公司的表现承担了责任，并告诉员工在每个座位下都有一把玩具飞镖枪和泡沫飞镖弹，请所有人向他开枪。当空中黄色的炮弹横飞时，会议的气氛完全变了。接着，这位CEO向员工解释了如何才能扭转局面以及一切都会好起来的缘由。这次谈话最重要的一点是，面对惨淡业绩没有过多言语，而以泡沫飞镖的形式告诉大家情况并没有那么糟糕。更重要的，这位CEO开玩笑地邀请员工对自己进行抨击，他说，遇到一些挫折没关系，承认失败也没关系，关键是接受打击然后想办法克服它们。泡沫射击的声音是一个有趣的提示，提醒员工战斗的乐趣对于成功来说是必要的。

有时候，当形势真的朝着困难的方向发展时，充满想象力的玩乐思维是能保持距离以看清困境，找寻突破的唯一方法。正如一位高层管理人员告诉我的那样，每当我陷入困境时，我都会努力想象比我更聪明的人会做什么，然后我就去这样做。

安德鲁·格鲁夫讲述了他和戈登·摩尔如何在公司关键时刻运用想象力扭转英特尔颓势的故事。当年，英特尔在制作电脑存储芯片方面已取得了成功，然而到了20世纪80年代初，日本人制造出了更为卓越且廉价的电脑存储芯片，使英特尔公司很难盈利。公司急需找到另一条产品线以图生存，但公司的整个发展历程和定位都与存储芯片有关，几乎所有的工程师和销售人员都是围绕着存储芯片而招募的，且公司刚斥巨资建造了一个庞大的、用来制造更多芯片的制造厂。公司陷入窠臼。

这天，格鲁夫和摩尔在办公室里讨论当前的困境。他们意识到，如果不解决这个问题，董事会便会解雇他们，并找到有能力的人胜任。于是，他们想象接替工作的人，想知道那些人可能会怎么做。格鲁夫看着摩尔说："我们为什么不自己动手呢？"然后他们假装"解雇"自己走出了办公室，再以更好、更智慧的高管身份重返公司接替位置。在假扮那一瞬间，答案就非常清楚了——他们必须让公司退出存储芯片业务，无论成本或内部阻力有多大。最终，格鲁夫和摩尔引领公司设计和制造微处理器，英特尔由此声名远扬。

矛盾的地方在于，成功最重要的因素之一，是勇于保持一定距离去观察问题，需要意识到结果最终并不那么重要。这一点可从人们更多给孩子选择哈吉斯而不是帮宝适的尿不湿上得到证明。如果你正在从事推销哈吉斯尿不湿的工作，母亲们的认同对你和工作都很重要。当你过多地考虑自己在这个产品上的个人投资，可能会变得过于专注于产品微小的竞争优势（比如吸收率提高 1.5%，腰部紧固件可反复使用十次而不是八次）。然而，想象力可以将你从这些关注点中解放出来，并为产品创造其他价值。帮宝适和哈吉斯之间真正的战争不是靠判断产品的质量取胜的，因为这两家公司的产品质量相似；但哈吉斯通过在广告中创造情感价值，展示一位母亲抱着一个干爽、快乐的婴儿而获胜。富有想象力的游戏让人们思考本质，看到问题的情感和现实因素。

体育的美在于它包含了严肃与玩乐的冲突。我们可以真正地去关心到底是爱国者队还是老鹰队、湖人队还是凯尔特人队赢得了比赛，但我们也能意识到这只是一场比赛。如果球队输了我们可能会感到沮丧，但总会有下一场比赛、下个赛季。这很重要，但也无关紧要——这就是体育的隐喻在商业中比比皆是的原因，这也是为什么游戏不一定非得与笑话或胡闹相关。有时，游戏可能是团队之间的友好竞争；有时，它可以是非常私人的——他人从未见过的个人比赛，如能多快地写一份备忘录，或者能在当天完成多少待办事项。有时，游戏可能是我们小时候击球时给自己的一种无声叙述，"现在是伟大的米奇·曼特尔本垒打，他悠闲地练习了几下挥杆，然后把球棒扛在肩上，眼睛紧盯着投手"。只是现在叙述的对象可能变成了沃伦·巴菲特、比尔·盖茨或自己公司的首席执行官等个人英雄。这样的叙述不会被大声地说出来，甚至不会被意识到，但它仍然存在。

　　一旦把工作看成是一场玩家的游戏，我们就能够更好地接受和利用运动员使用的激励自己和提高成绩的系列技术。我们可以采用刚才提到的内部叙事的方法，如分散注意力（我要一边工作，一边听这首很棒的音乐）、解离（我现在不是在工作，而是在一个南太平洋的小岛上）或者理想化（在我发表这份报告后，每个人都会起立鼓掌）。所有的这些只需要保有一点距离。工作很重要，但我们经常让日复一日的任务带来超过其本身价值的焦虑。而进入玩乐状态，掩饰了工作的紧急、充满目标和由此引起的焦虑，提高了效率和产出率。

　　没有什么比真正的玩耍更能促进工作中的社会性联结。当人们玩耍的时候，他们变得相互理解。强大的玩家懂得在玩耍中自我设限而不是支配和控制，以让玩耍继续。团队为了追求共同的目标而团结一心，这就是为什么"团队"的方法在商业中经常被使用。团队建设练习通常包括解决谜题、纸板搭桥或通过障碍等游戏。我们常说作为一个团队一起"工作"，但如果我们说作为一个团队一起"玩乐"，这可能更有益和更有效。当人们从团队工作转变成团队游戏之后，他们能够让自己真正全身心地投入到与公司内外其他团队的竞争中。

创造力和创新

到目前为止，玩乐在创造力和创新中的作用，是很多公司想和我探讨的最大原因，他们明确地将玩乐视为最宝贵的要素。生产力很重要，但创造力却是一切增长的源泉——新产品、新技术、新服务，以及对老问题的新解决方案，这些都是一家公司繁荣还是衰败的标志。

玩乐在其中起到什么作用呢？毕竟，发明之母难道不是需求吗？问题的答案是否定的。我认为，需求只是为发明和创新提供了条件，玩乐才是发明之母。例如，宝丽来或许真的需要一款新产品来取代其利润丰厚的消费者摄影业务，因为数码相机的出现，以往的照相设备几乎已经濒临淘汰。但寻找替代品的需求并不是公司走向破产的原因，宝丽来的资产此后被卖给了其他公司，品牌名确实保留了下来，但已无昔日的光辉。需求更像是第一次的约会，而成为新娘、获得进一步的发明和创新则需要更多。

什么是创造力和创新？一般来说，我们认为创造不同于创造力。我们可以创造出一个雪球或一团泥，但通常不会把这些当作创造力的例子。通常认为，创造力和创新是以某种持久的方式改变世界或文化的思想和产品。它们可能会大规模发生，就像19世纪的电话和20世纪的互联网那样的发明；它们也可能是小规模的，比如有人提出的一种创新的文件组织方式。是的，有创造力的人才会创造，但他们所创造的改变了世界的构造板块，也或大或小地改变了我们思考或做事的方式。

人们普遍认为创作的过程是神秘的。极具创造力的人有着不同的性格、工作习惯和教育背景，因此很难找到他们创造过程的共同点。但是，如此有价值的东西已经吸引了许多人的思考和研究，希望可以找到产生创造力的方法。

研究者发现，创造的过程在本质上是矛盾和矛盾的碰撞，这就是为什么它看起来如此神秘。有创造力的人可以一边努力工作一边偷懒；可以像激光一样聚焦于一项任务，但也保持开阔的视野，以看到事情的全局。他们精通自己的知识领域（绘画、物理、文学、百货业等），但也不会忽视那些似乎不符合公认准则的新信息。诺贝尔奖得主、物理学家理查德·费曼曾说，有一次当被问及一个关于亚原子粒子的激进想法时他回答："这是我听过的最荒谬的事情。"但这句话还没说完，他就意识到这可能是真的。有创造力的人可以充满幻想，但也会立足于现实。创造通常是把来自不同领域的想法整合在一起。

创造力的许多矛盾都体现在玩乐中。有创新精神的人知道玩乐的规则，但他们乐于接受即兴创作和意外发现。玩的过程可能非常严肃，但最终"只是一场游戏"。很多玩乐都发生在一个充满想象的世界里，但同时也扎根于现实。事实上，玩乐促进了幻想和现实的融合。其设计目的是激活不同功能的大脑区域，以协同整合功能。

对很多公司来说，找到具有创新精神和创造力的人是很重要的。这些公司雇用了大量心理学家去进行一系列测试，试图判断谁是、为什么是最具创造力的人。正如此前提到的，萦绕我们的问题是创造力的心理产生因素似乎无处不在。

任职于美国一家大银行的人力资源专员戴夫·史蒂文斯，花了大量时间试图设计一种所谓的创新评估工具，用于测试有潜力的员工。他采用了成熟的人格测试量表，如迈尔斯-布里格斯类型指标（Meyers- Briggs Type Indicator，MBTI）和明尼苏达人格量表（Minnesota Multiphasic Personality Inventory，MMPI）等。尽管使用了这些评价指标，但仍然需要数年的时间才能确定一个员工是否真的会成为公司各个部门的创新力量。

在听了我在文森特及朋友们的创新实践者网上的一个研讨会之后，他开始从玩乐的视角来看待创造力。他在充满情感的早期玩乐史中找到了创新的准确指标。标准心理测试适用于其他目的，而他能够建立标准用以分析未来员工是否喜欢新奇、对犯错如何做出反应并吸取教训、是否愿意冒险，以及以前从未认为重要的一些其他因素。他发现用这种方式看待创造力，很可能会得到自己多年来一直在寻找的高质量结果。他已经能够准确地识别出有创造力的人，并筛选出那些不以创新和创造力为主要特征的人。基于这些发现，斯蒂文斯离开了银行，开始为其他人力资源高管提供咨询，并分享他的发现。

公司通过各种方式将创造力制度化，最广为人知的方法是"头脑风暴"。大多数人都知道，在头脑风暴中一群人会被给出一个问题或难题，然后被鼓励想出多种解决办法，观点尽量要既新颖又有效。过程中，团队应该关注的是想法的数量而不是质量。事实上，过程进行的基本规则之一就是根本不考虑想法的"质量"。对这些想法的所有判断或评估都被搁置，没有人会因为一个看似古怪或疯狂的建议而受到打击，也没有所谓的错误。最后只是对这些想法进行分类，"好"的主意会随之而来。

当头脑风暴进行得很好的时候，它不仅改善了创造过程，也使人们自我感觉更聪明、更有活力以及更被伙伴们欣赏。头脑风暴被证实可使工作小组的效率翻倍。

当头脑风暴顺利进行时，它就像是一种游戏。在这个过程中，人们互相开玩笑且几乎不停地大笑，提出各种反常和正常的解决方案。就像其他形式的游戏一样，人们的自我意识会减弱，而对即兴创作的开放态度和继续玩下去的愿望会不断加强。成员之间存在一种动态的互相谦让，每个人都参与其中，就像在其他游戏中一样，群体中占主导地位的成员会自我设防，使自己与不占主导地位的成员处于平等地位。时间似乎过得飞快，因为这看起来没有目的，似乎不像工作，但在这个过程的最后总会产生一些真正好的想法。

但另一方面，结果并不总是好的。一些研究报告称，头脑风暴并没有征求个人意见好。我认为问题在于，有些头脑风暴环节没有变成游戏，而且显得很无趣。虽然没有人被批评，但一些小组成员会感到空气里弥漫着没有说出口的批判，或者是一种不言而明的等级制度阻碍了言论自由。甚至非常有创造力的团体也可能成为这些问题的牺牲品。我熟悉的一家的公司，以创意输出而享誉世界，却因为头脑风暴会议陷入停滞而苦恼不已。而我所观察到的是，小组成员都是很聪明的人，他们都有一种内在的期望，认为总能想出绝妙的主意，但这其实是没有人能做到的。人们不应该对想法做出判断，但他们感觉伙伴们正在评判他们。因此，我提出的解决方案是，有意识地建立一些活动让团队玩起来，比如在头脑风暴开始之前玩扭扭乐。当所有这些聪明的人玩起来时，聪明的想法就会自然而然地涌现出来。

从更大的方面来看，整体而言虽然公司经常谈论促进创造力和创新，但却扼杀了那些最好的想法，赶走或束缚了提出这些想法的人。我的同事兰尼·文森特花了很多的时间和精力来分析为什么会这样。他发现，新的想法会威胁公司现有秩序。它们激活了公司的"自身免疫系统"，而该系统避免现有公司结构受到"异物"的影响。我敢肯定宝丽来的一些成员看到不利前景时，会想要把资源投入到如数字成像等其他产品的研发上。问题在于这让现有部门的资金流失，而这会让其抱怨利益受损，于是宝丽来永远也赶不上那些已经在数字成像市场占据一席之地的公司了。

在兰尼看来，创新的想法和提出这些想法的人，必须与公司常态结构隔离并受到保护。新思想就像新生的婴儿，经济基础薄弱，实现快速回报的希望渺茫。正如我知道的，在20世纪90年代中期，大多数管理者会认为万维网几乎没有什么商业应用价值。如果他们知道员工在利用上班时间上网，这说得好听点会被认为是在浪费时间，说严重点会成为解雇的理由。

兰尼发现，创意必须在公司内部得到培养和支持，直到它们能够独立存在。而提出创意的人，必须与那些认为其行为是在浪费时间、违反公司政策的管理者隔绝开来。后者甚至可能会让提出创意的人怀疑自己，这是非常糟糕的。更需要关注的是，即使这些创意受到保护，也极有可能无法存活，除非是由一个特立独行、能够容忍和培养疯狂想法且拥有良好的商业决策记录的公司所孕育。有时这些特立独行的人就是公司的创始人，他们把日常业务交给更成熟的商业领袖负责。我将特立独行者在公司发展过程中的心理角色，比作儿童发展过程中的过渡性客体。孩子们把泰迪熊或毯子带到新的环境中，作为连接对父母的依赖和自给自足的童年之间的一座安全而熟悉的桥梁。特立独行者帮助企业对创新者建构的外部世界感到适应，同时让创新者在公司内部也感到舒适。但特立独行者不属于任何一方。

在个人层面上，你的创造力也是需要保护的，不仅要避免外界的批评，也要免受自己内心的评判。让自己充满创造力，首先要做的就是不对自己的所思、所想和所做进行评判，简单地去发散你的想法和做事的方式。当你陷入困境的时候，试着想象五十个看似"不可能"的解决方案，然后让自己排除四十五个。我认识的一位特别著名的科学家告诉我，他那些绝妙想法的秘诀，就在于他有一个非常大的废纸篓。在找到一个好主意之前，他让自己尽情地思考并且排除将近一百个坏主意。

如何掌握游戏

大量的证据表明，掌握任何一门学科的道路都是由游戏引导的，靠死记硬背的方法顶多只能学好一门"课程"；想要成为一名大师，学生必须超越已知的东西，探索某个领域中还没有被其他人展示过的。在那些研究艺术和科学历史的人中，有许多例子证明了"发现"不是通过一系列计划好的实验（或者至少不是一系列按计划进行的实验）来实现的。

在漫长探索最终获得诺贝尔奖的过程中，罗杰·吉列明有一种预感，已经被接受并证实的关于垂体对新陈代谢、压力、生殖和其他激素驱动的生理调节控制，并不是全部。罗杰认为，这并不能充分解释激素的反馈和调节过程，于是他对脑垂体进行了显微解剖。正当思考各种可能性时，他突然发现把血液从大脑排到脑垂体的静脉容量，比把脑垂体的动脉血排到大脑的要大得多。他想，嗯，这真有趣。不久他就发现，额外的容量是由来自大脑（确切地说是下丘脑）垂体的超激素控制造成的。

大多数情况下，当一个人对意外的发现持开放态度、乐于接受新奇事物和异常现象，并试图将这些不寻常的结果扩展到更广泛的知识领域时，新的发现和新的学习就会出现。正如艾萨克·阿西莫夫所说，在科学界听到的最激动人心且预示着新发现的话语，不是"我找到了"而是"这很有趣……"。

这是一种游戏的状态，它最能促进偶然时刻的发生，并使我们对异常现象保持开放心态。如果我们真的愿意欣赏一些有趣的或意想不到的东西，很可能会说"这很有趣"。否则，我们只可能看到一个非常无趣的失败实验。1856年，十八岁的威廉·亨利·珀金试图从一种石油的衍生物中合成抗疟疾药物奎宁，但结果却以一团柏油般的黑色"垃圾"告终。这段插曲本可以就此结束，但出于对绘画和摄影的兴趣，他发现当用酒精稀释这团"垃圾"时会把布料染成鲜亮的紫色。当时，所有的染布料都是由昂贵的天然衍生物制成的，且通常不褪色，紫色是所有染料中最稀有和昂贵的一种。珀金的苯胺染料是第一个紫色化学染料，它引领了紫色服装的流行，使19世纪90年代成为"淡紫色的十年"。

最后也或许是最重要的一点就是，如果没有娱乐，那工作不是枯燥乏味就是苦差事。我们可以通过纯粹的意志力走得相当远，因为不乏有人有着惊人的完美主义、自我否定倾向和承受苦难的力量。然而，如果人们并不享受他们所做的事情，也没有时间玩耍，最终将无法成功地达到职业生涯的巅峰。全身心地投入到工作中往往是不够的，没有一些乐趣和游戏的感觉，人们通常难以坚持足够长的时间来掌控它。

人们总是说，你可以通过"埋头苦干"达到顶峰，但正如体育表演专家查克·霍根所言，事实并非如此。人们之所以能通过训练达到最高的水平，是因为他们被"热爱""乐趣""玩"所驱动。霍根观察到，"伟大的表演者表演得很好，并且非常优雅，因为他们热爱自己所做的事情。这不是工作，而是玩耍"。

泰格·伍兹因为热爱，打了成千上万次高尔夫球。而之所以热爱，是因为他把打球当成玩，而不是在工作。伍兹在《60分钟》节目中对艾德·布拉德利说，小时候他会把球扔到树上，让球随意地落到茂密的树林里，然后尽量打出标准杆，因为这样更有趣。斯坦福大学的熟人告诉我，伍兹在斯坦福大学读本科时，会用一个非常极端的方式击球，以至于球会越过斯坦福大学高尔夫练习场左侧的公寓，然后又曲线转弯再回到草地上。他这样做只是为了好玩，因为有时打普通的高尔夫球很无聊。有一次拍摄广告，当相机和灯光还在设置的时候，他用九号铁杆的末端颠了四五十次球，然后在球不接触地面的情况下将其击飞，以此来打发时间。导演问伍兹是否可以在镜头前做这个动作，随后这便成了一个成功的商业广告。伍兹对布拉德利说："我喜欢创造，我喜欢创新击球。"

运动员可能不喜欢训练和比赛的每一分钟，有时感受到的快乐来自对胜利的幻想。我遇到的每一个运动员都经常觉得他们只是不想开始锻炼，但是当他们投入的时候，很快就会找回热爱的原因。

我们所做的工作也是一样的。事实上，任何工作的一部分都有可能像小时候在沙滩上堆沙堡或用树枝、报纸、绳子做的风筝一样有趣、迷人、充满创意。我们必须找到通往快乐的路，而且我们一定能找到。

为什么我们会失去玩耍

如果玩耍对我们的工作如此重要，为什么我们会失去它呢？答案是我们被迫远离了玩耍。当我们认真地对待事业、婚姻、家庭、工作晋升、照顾父母、融入社区、宗教职责，以及为保持体形和预防健康问题而进行锻炼时，我们会感到被无情地剥夺了个人玩耍的时间。我在本章开头提到的人力资源主管芭芭拉·布兰宁就是这种情况。对于中年成功人士来说，危机并不罕见，但中年危机的年龄已经越来越早。人们在三十岁开始经历"成年危机"，二十岁开始经历"四分之一寿命危机"。我在青年甚至是青少年身上看到了同样的模式，学业、家庭作业、课外活动、社区志愿服务、课外辅导和备考，把他们的日程排得满满的。即使我还没听到对这一状态的形象命名，但他们也同样遭受了一种深入骨髓的、要把自己每分每秒活在他人期望中的危机。

如果人长时间都没有玩乐，一直痛苦地完成着别人期待其完成的工作，他们有时会在某一个瞬间反思自己的生活，并问自己（通常是一种和自己的内心对话）"就这些吗？这就是余生所能期待的吗?"如果没有与生活的本质联系在一起,就算获得好的成绩、更多的奖金以及更多的赞美,也还是会令人沮丧。对有的人来说,十六岁便开始失去信心,而有的人六十岁才开始失去信心。但对于非凡的玩乐者来说,这些都不会发生。

有时候,我们不仅主动地远离玩乐,还被外界限制玩。因为玩带来一种羞耻感,这种羞耻感源自一种人类文化对玩的需求的不理解和不尊重。正如我之前说过的,玩被认为是孩子们才做的、幼稚的事情,在成年人的世界里是不会发生的。这传达的信息是,如果你是一个认真做事的人,就应该严肃、认真。

大多数时候,我们已经内化了玩就是在浪费时间的社会观念,以至于我们对玩感到惭愧而不得不放弃。生活中可能会有一些人告诉我们要放轻松一点,去找一点乐子,但我们不允许自己这样做。餐厅经理马克在他只是基层工作人员的时候,能开心地完成工作。但当他被提升到管理岗位后,就把自己放在了"父母"的角色中,觉得自己不应该被人看到在玩,这不是一个管理者该做的。不管他是否只是在死板地做着工作,但他都觉得玩是不负责任的。

有时,我被人们对玩的强烈抵制和完全敌意吓了一跳。最近在一次会议上,我谈到了玩,总的来说,我很享受其他与会者对我的热情接待。一位在儿童电视节目创作方面取得高度成功的人在听到我的言论之后就站了起来说:"我可以为想做的任何项目获得资金,但我们真的应该为玩的研究寻求资金。因为这些东西真的很重要。"但是，当我在去拿咖啡的路上被人搭讪时感到很震惊。

"嘿，你凭什么说，比起阅读书籍，你在地板上和孩子们一起玩可以从中学到更多关于玩的知识?"问我这个问题的人穿着得体，一只胳膊下夹着一台笔记本电脑，比我块头大得多，站得离我非常地近。我解释说，我想说的是，你可以从所有的书中学习你想要的，但有时仍然很难理解玩所带来的情感反应。当与孩子们一起玩时却可以很容易地体会，因为他们对玩的追求非常纯粹。

他接着对我说："那你说得不准确，你告诉别人去玩，这是不负责任的。你是什么? 嬉皮士吗?"

我感到很不舒服。我都不确定他会不会打我或做点别的什么。很显然，对这个人来说，自由玩耍是一种威胁，他的童年很可能被剥夺了自由玩耍的乐趣。我问他，在会议上，他认为谁与他的观点一致，他却转身匆匆走开了（这场会议很重要，议题围绕着"认真地玩耍"）。

虽然他的攻击性不同寻常，但并不罕见。我经历过太多冷漠和敌意的反应，当人们听到我完整地讲述玩的目的和重要性的时候，就会慢慢意识到他们的生活中已经太久没有自发地玩过了。他们被这样一个事实所震撼：自己生命中所拥有的爱是有条件的，而且是建立在表现之上的。作为一个成年人，突然意识到这一点可能会是一个巨大的挑战，以至于难以接受。这种反应通常是一种强烈但无意识的防御以及愤怒的情绪，否认其充实的生活其实已经被浪费了。而由此产生的情绪通常是对信息传递者的愤怒。

快乐是我们与生俱来的权利，是我们本质的属性。对充满竞争性、严肃认真的人来说，意识到自己错过了这种快乐可能是一种毁灭性的打击。也许这一想法背后的文化支持是，玩的人都是浅薄的，没有生活在现实世界里，是业余爱好者或者是不道德的懒汉。

如果时间和环境允许，我一定会温和地引导他回忆自己的玩乐史。我很可能会要求他开始寻找自己愤怒的来源，感受与当时环境不相称的愤怒强度，并尽可能带着更多的感知去推开那扇能找到愤怒来源的门。

我看到有这样反应的人，通常不喜欢玩，以不玩为荣。他们把自己定义为严肃认真的人，或许是曾经辛勤工作并且在苛刻标准下完成目标，从父母、老师以及领导那里获得了奖赏的人，又或许是曾经因为工作不够努力而受到了惩罚，成了不喜欢玩的人。

当我开始阐述玩乐的自然史和必要性时，许多对玩乐持有固执态度的成年人是无法理解玩乐的本质和重要性的，而在意识到他们的生活失去了玩乐所带来的强烈满足感时，防御感就出现了。他们认为，优先考虑玩的想法不仅要摒弃，而且必须果断地粉碎。

这种情况，在我以前严肃的职业医学生涯中就出现过。确实，在你诊断一位有非常严重疾病的患者时，不会想开玩笑或者表现出没有同情心的模样。但是有很多医生，像罗宾·威廉姆斯在电影《心灵点滴》中扮演的医生帕奇·亚当斯就表示，幽默和玩笑可以帮助病人和医生之间建立治疗关系。俗话说，笑是最好的良药，我认为这是真的。

然而，轻松愉快的迹象通常在医学院的新生训练营中就被毁坏掉了，医学院的生活有时就像睡眠剥夺实验和兄弟会欺凌的混合。幸运的是，怀有同理心去倾听病人这一重要技巧，已经被引入当代医学院的课程中，而且对睡眠剥夺的研究也已经改变了医务人员待命时间表的存在。但作为一名年轻的实习医生，我喜欢艰难的工作，并发现各种课程以及病房的经历简直令人着迷。那时候，医学院的学生既严肃又爱玩，当然，这不是一种文化规范。因此，我成了一个秘密的玩家。我和一个同学必须写一篇要求很高的论文，但我们想要保持体形并进行户外活动，所以决定测量在耐力训练期间胰岛素的摄入量，以及一些其他可能的生理变化。我们会在跑步前互相抽血，然后再进行运动。我们汗流浃背，满心欢喜地在终点处再抽取一次血液样本。我们玩得很开心，虽然没有获奖，但是论文的成绩也很不错（如果我们再大胆一点，我们不仅会玩得很开心，还会赢得一些奖品）。

世界各地的办公室职员也可以采取同样颠覆性的方式来享受他们的工作。毕竟过分享受可能会被认为是不努力工作或者是闲得没事做，这是对超负荷工作员工（或者至少是对那些感到负担过重的人）的一种不尊重。渴望快乐地工作，可能会让人觉得你是拍上司马屁的人，一个盲目乐观的人，或者是一个不在乎是否失业的有钱人。总之，最好对工作采取一种积极但坚韧的态度。即便是这样，辞职甚至是对工作量发牢骚的现象还是不会减少。

但这些都是无稽之谈。我们可以享受我们的工作，可以玩得很开心，可以找到与所参与项目数量一样多的快乐，就像小时候做纸飞机并把它们从屋顶上放飞那样多的快乐。

当我们做事情缺乏轻松的感觉时，就要将其视作一个警告信号，就像我们爬楼梯时感受到胸痛、呼吸短促，高血糖或贫血一样。如果我们有一个像测量糖尿病或高血压的游戏力测试，我们就可以看到一个数字，然后会知道自己是否处于危险之中。很可惜，我们没有这样的测试。相反，我们有一种闷闷不乐、缺乏游戏的感觉，觉得生活中缺少了一些东西，没有让我们感受到曾经拥有的快乐和能量。

问题是，我们如何找回那种感觉？

找回玩耍的感觉

在生活和工作中找回玩耍的感觉并没有那么简单。尽管我想这不是一个坏的开始，但我还是不能让每个人都玩两局拼字游戏、去威尼斯游玩或者试着扭鼻子。有很多方法可以重启玩耍。正如我之前强调的，我发现这么多形式的身体运动中，总有一种方法可以克服我们的心理防御。美国国家玩乐研究所的顾问弗兰克·弗朗西奇，建立了一个名为"活力动物"的游戏组织，他建议人们从单脚站在摇摆板上开始，以此继续游戏。我们学院的一位董事会成员，当发现自己一个人在海滩上蹦蹦跳跳时，瞬间领会了这样的方法。

许多年前，我进行的一项研究表明，有规律的体育活动可以帮助患有严重抑郁的女性摆脱困扰。这是一项为期一年的研究，每周五天，研究对象是患有抑郁和抗抑郁药物对其没有作用（或拒绝服用）的妇女。她们中的许多人似乎陷入了自我怀疑中，比如"为什么我的婚姻没有成功？"或者"为什么我没有很多的朋友？"当地医生向她们推荐加入这项研究。圣地亚哥的海滩让她们有了一条整洁的两英里长跑道，经过体检后，她们被引导进行每周四次，每次四十五分钟，保持80%的最大心脏输出量的运动。我和一位运动专家一起监测脉搏频率和脉搏恢复时间，直到参与者能够感受到自己的努力。最初的三个月是异常地艰难，但随后因为调整、锻炼和团队凝聚的积极作用，大多数人（有些已经退出）的抑郁情绪有所减轻，整体幸福感有所改善。对大多数参与者来说，为了防止抑郁症复发，维持耐力训练是必要的。

有时，即使只走一小段路也能振奋精神，身体会记住大脑忘记的东西。身体游戏是进化中最先出现的东西。能够游戏的物种通过夸张的跳跃、扭转和转身来表现出这一点。它们通过古怪的不平衡来获得平衡的运动，这样做显然是因为这些运动很有趣。这就像位于坦桑尼亚西北部塞伦盖蒂平原小池塘里的河马宝宝在

水里做后空翻，或者一只猩猩宝宝像疯狂的钟摆一样上下摆动。既然运动是我们生命发展中最先出现的东西，它也可以是重新发挥作用的第一步。

与宠物或孩子玩耍，也能让我们克服那些自我抑制游戏的冲动。我发现，一段猫咪玩耍的视频和我的一小时演讲一样，能让人们理解玩乐是什么。有一次，女儿打电话给我，向我抱怨她八岁的女儿心情很糟糕，无论说什么或做什么都不管用。于是，我建议她带着孙女和狗到后院去，让他们在一起待二十分钟。十分钟后女儿望向窗外，看到他俩在玩耍，当孙女回到屋里时心情完全变了，而且在那天剩下的时间里都很开心。

然而，这些都是短期的解决方案。要想重新找回生活中的乐趣，需要利用过去来帮助你创造适合现在的玩乐方式。这可以通过回忆完整的玩乐史，也可以是简单地坐着想象过去做过的，能让自己无拘无束、全然沉浸、完全参与、想不断做的事情来实现。还记得你当时的感受吗？记住那种感觉并且抓紧它，因为这样能拯救你。这种情绪的记忆就像救生筏般防止你溺水，也像是一根把不会游泳的你从水中拉出来的绳子。

你现在的任务就是，找到能让自己感受到快乐和重燃生命的活动。这也是芭芭拉·布兰宁所说的"心灵游戏"，一种能与你的心和灵魂对话的游戏。在她的《游戏的馈赠：为什么成年女性不再进行游戏以及如何重新开始游戏》一书中，描述了自己如何看待生活，并意识到童年时期在户外玩耍的日子是最美好的回忆。她家住在乡下，她喜欢花一整天的时间在树林里徒步旅行，或在附近的湖泊里游泳，这是她的心灵游戏。而她的丈夫喜欢室内活动，读读书、听听音乐或者下下棋。芭芭拉爱她的丈夫，自然想和他一起度过休闲时光，但意识到丈夫的心灵游戏永远不会是她想要的。一旦她发现自己需要时间来进行心灵游戏的时候，就会立刻采取行动体验真正的游戏。她体验到了一种对生活的兴奋感，以至于忘记了自己是在工作，因为游戏让工作充满乐趣。

刚开始想起这些感觉可能是危险的，因为这会严重颠覆你的生活。如果芭芭拉的婚姻没有那么牢固，当她独自去远足时，她的丈夫或许会觉得芭芭拉是想离开自己。这章开头描述的那位珠宝师杰森，意识到自己喜欢制作的真正原因是能与人一起工作，了解他们在寻找什么、需要什么。他想花更多的时间来做这件事，于是回到学校攻读临床心理学博士学位。这不是一条容易走的路，必然有很多工作要做，也花了很多钱。但最终他发现自己在做自己真正热爱的事情。

当人们能够在工作中找到那种玩耍的感觉，就会成为真正有影响力的人物，两者间是可以相互转换的。我和阿尔·戈尔一起做过一个项目，而我很了解他的过去，他出生在一个家境富裕的美国参议员家庭，常住在华盛顿特区的酒店里，但是他的父亲并不想惯坏他，所以一到暑假他就被安排到田纳西州的农场里工作。我对戈尔的感觉是，他认为自己必须永远尽职尽责，所以很少让自己真正放松下来去玩——至少在任何公共场合没有看见过。而这种感觉在戈尔竞选总统时得到了证实，人们叫他笨蛋而且感到他有什么东西被抑制住了。戈尔在总统选举中"失败"。但是，经历了一段可以理解的减压期且对紧急事件影响的评估后，他做出了改变。戈尔仿佛获得了自由，终于可以去追寻真正点燃灵魂的东西。他把一篇关于全球变暖的演讲写成了一本书，并拍摄成了电影《难以忽视的真相》，无论是在电影还是在个人生活中，戈尔的喜悦和情感都溢于言表，再也感觉不到他有任何退缩的意味。在我参加的一次会议上，戈尔做了关于全球变暖的演讲，史上最成功的励志演说家之一托尼·罗宾斯后来告诉他，如果在2000年竞选总统时他用这种激情演讲，相信一定能打败那个家伙。

记住真正玩耍时的感觉，让其成为你的指路之星。你不必为此变得不负责任，也不必为了重新找到那种感觉而离开工作和家庭。如果你把这种玩耍的感觉当作你的北极星，便将会找到一条将工作与游戏紧密相连的成功之路，正如詹姆斯·麦切纳在他的自传中所写的那样：

生活的艺术大师对待他的工作和游戏，劳动和休闲，思想和身体，知识和娱乐，爱和信仰几乎没有区别。无论他在做什么，几乎都不刻意区分哪是哪，他只有简单地追求卓越的愿望，不管别人如何评判。对他来说，他总是两样都做。

第六章

一起玩吧

　　四十六岁的盖尔和杰夫都是波士顿大学的正教授。最初对艺术史的共同兴趣，让他们在十五年前喜结良缘。早期相处的时光，也曾带给他们充满理性挑战的火花碰撞，以及感性的探索和浪漫的激情。他们还曾将他们之间的感情描述为"有性爱关系的最好伙伴"。但十年的婚姻生活，特别是三个孩子的出生、繁忙的工作，让他们本来理想的关系慢慢冷淡，甚至性生活都存在很多的"问题"。如今，他们感到感情已经所剩无几。他们不知道彼此的感情是如何进入这样令人沮丧的状态的，甚至都不确定是否还喜欢着对方。

　　然而，在一个周五的晚上，他们和其他三对教职工夫妇一起参加了一个游戏。他们俩的双腿和双脚被胶带绑在了一起，就像连体双生蛇一样在地板上扭动。在社区中心的一个大的共用室里，一位游戏治疗师指导着夫妇们玩游戏。他们贴着地板，向着终点线挪动。在游戏中，他们抑制不住地放肆大笑，笑到声音沙哑、满头大汗、精疲力尽，直至抵达终点。那天晚上，是五个月以来盖尔和杰夫第一次有夫妻生活。在清晨醒来时，他们感觉像是重获了新生。这样的改变得益于，长久以来他们第一次有机会跟彼此敞开心扉。这个看起来有些傻气和荒谬的共同任务，让他们卸下心理防备，全情投入到与对方的相处中。他们学会了一起玩耍。

在以往的游戏课程中，我曾经采访过许多对夫妻，他们中有些产生了问题，有些没有。这些陷入困境的夫妻有些能够重燃爱火，有些则不能。那些能够重新找回爱情的夫妻，甚至找到以前从未探寻过的情感亲密领域，关键因素在于他们能够找到一起玩的方法。那些在一起玩的夫妻能够长相厮守，而那些不能一起玩的，要么分开了，要么关系变得更糟糕，彼此只是在忍受一段无法产生幸福和功效的关系。

现在我明白了，玩是如何成为所有人际关系的基石的，无论是日常交往还是长久的爱情。事实上我想说，如果没有玩乐，持续的亲密情感是不可能存在的。不管对于婚姻幸福，还是对于友谊保鲜来说，这都是不争的事实。

生命之初的游戏

为了理解为什么游戏会成为所有人际关系的基石，我们需要追溯到生命最初的亲子关系。正如我之前所说，当一对富有爱和养育能力的父母有了一个好喂养、安全性依恋的婴儿时，亲子之间会自然而然产生相互感染的喜悦。这种与生俱来的自发反应是孩子安全感和亲密感的基石。通过科学的测量我们可以发现，这种互动是父母与孩子之间游戏状态的反应。为了在一生中都能感受到亲密的情感，成长中的孩子需要回归到最初的游戏状态。成长中的游戏状态也不断地被文化塑造，例如来自婆罗洲岛的孩子可能会玩植物纤维制成的娃娃，而一个美国的小孩则可能玩电脑或者会说话的填充动物玩具，但这一切都来自基础相同的游戏状态。

随着年龄的增长，孩子与朋友、兄弟姐妹以及父母（以更复杂的方式）一起的游戏都将为成年后的社交奠定基础。我曾经采访过的一位女士表示，她在少年时代与一位朋友玩芭比娃娃的方式，正是此后生活中关系的样子。

她说："不久前，我和那位五十五岁的老朋友将我们曾经一起玩过的芭比娃娃找了出来。当听到老朋友谈起我们九岁时玩芭比娃娃的样子时我很惊讶，然后联想到我们成年后各自不同的生活方式：我的芭比娃娃总是以一个稍微露出身材、楚楚可怜的少女模样吸引男人；她的芭比娃娃很时髦，抽着烟、穿着名牌衬衫。如今我们都已经年过半百，我结过三次婚，她从未结过婚，但总是和同一个男人在一起，保持着一个坚强女孩的态度。并且，当时我们一起玩娃娃，都对洋娃娃不太感兴趣，而直到现在我们都没有生孩子。所以不妨说，我们在九岁玩这些玩偶的时候，就已经布局好了我们成人后的剧本。"

有些人觉得，这种成人主题的游戏会误导九岁的小孩，但实际上在1959年芭比娃娃首次问世时公众就已经提到了这个问题。

玩偶在芭比娃娃出现之前都是洋娃娃的形式，给小孩子接触这样成人模样、有臀部和乳沟的芭比娃娃看起来不那么合适，但芭比娃娃深受女孩们的喜爱。因为处在那个年纪的女孩们，被青春期的烦恼困扰着，迫切地需要通过玩玩偶这样安全的方式来表达她们的想法。正如之前两位女士所提到的，她们需要通过游戏来表达自己本质的想法并检验自己的感受，然后试图知道这些如何在人际关系中起作用（包括现在的友情和未来的爱情）。

成人关系中的游戏

当我的狗杰克迎接我的时候，它会摇尾巴、作揖、模拟类似人类笑声的快速喘息（黑猩猩和老鼠也被证明，在交流兴奋的时候会发出这样的喘息声）。这些都是游戏的信号，表示杰克在邀请我出去投球或奔跑。

同样，人类也使用游戏的信号。当我们互相问候的时候，我们会微笑着用温柔的目光直视对方，也会扬起眉毛或快速地抬起下巴示意。当我们关系更近一步的时候，我们会握手、拥抱、亲吻彼此的脸颊来进行问候。这些都是向对方发出邀请的表达，通过仪式性的联结和承诺促进关系更近一步的发展。可以看到，真正精神上的安全感和信任感是通过非语言来交流的。

社会学家经常说有些手势和行为是在向外界传递"我们不会威胁到你"的信号，例如，伸出张开的手来握手就是在显示我们并没有拿武器。不过，展示出没有威胁性的方式有很多，也会有不同的含义。为了看起来没有威胁性，人们会尽量不进行眼神交流，而尝试盯着其他地方或物品；或者表现出很忙碌或漫不经心的样子，我们可以随时在地铁和商店看见这样的行为。做出这样行为的人不希望有任何的社交，不期望他人走进自己的世界。做出这些逃避行为的人，通常是因为互动可能会带来的恐惧，或者对构建社会关系感到疲劳。从基础社会学的角度来看，这些人对不熟悉的人具有与生俱来的"陌生人焦虑"反应。

如果我们活在一个没有游戏的社会，那么社会上成年人的互动都会像在地铁和电梯上的一样冷漠。我们将生活在一个非常残酷的世界。通过一起玩耍，能够传递出愿意进行稳定情感联结的信号，哪怕只是一瞬间。即使偶然的互动，一份真诚的赞美，关于天气炎热、多雨、寒冷、潮湿的闲聊，一句玩笑或者关怀，都能让人产生情感的共鸣。这样的方式可将一个冷酷、可怕和孤独的世界变得生机勃勃。

最近，我就亲历了这种改变的力量。当时，我在药房排着长队，队伍前的人正在询问各种复杂的保险账单问题。由于队伍很久没有移动，后面的人开始躁动不安。这时，一个女人走了过来，看了看队伍然后走开了。不久，她又回来再次看了看这个队伍。我微笑地告诉她："我们都来这儿，是因为我们很喜欢在这里闲逛，这是个消磨时间的好地方。"她听到我这么说后，不禁发出咯咯的笑声。排队的其他人听后也纷纷表示赞成，并开始发表自己的想法："是的，我们是来和老朋友重聚的""这是个学习烹饪技巧的好地方""我们来打赌，还要多久才轮到最后一个人"。很快，所有人都开始嘻嘻哈哈地说笑。当我办完事情要离开的时候，站在我后面的男士对我说，他从未在排队时享受如此的乐趣。

而事实上，在我去药房排队之前，我也并没有感觉这一天有多么好。我浑身没有力气，还伴随轻微的头痛。我原本可以就站在队伍里保持耐心，尽量不感到沮丧。但是，我还是有意识地采取了一个玩耍的态度。而当我办完事情重新回到停车场的时候，我的心情和感受与来的时候完全不一样了。我对这一天的感受好多了，并且为能帮他人有个好心情而感到开心，连头痛也都消失了。

不管是在一次偶然的场合，还是在一段长久稳定的关系里，建立情感联结并让感情更近一步都要求我们能敞开心扉。我们不能对别人竖起防御的墙，而是应该接纳他人真实的样子。这时，我们就可以邀请他人一起玩了。

凯·科斯托普洛斯，一位演员和斯坦福大学的戏剧老师，在上第一节课时不让学生学习各种动作，而是去观察。她让学生们保持约两英尺的距离面对面站着，彼此互相看对方三分钟。很多学生都会觉得这样非常不舒服，因为这种方式非常私人，只有处于恋爱或者冷战中的人们才会用这样的眼神去看对方。但是老师要求学生克服自己的思维定势，不要去关注自己将会被别人怎样看待和认为，而是去关注对方的感受：你会怎样描绘对方？你会怎样形容对方？你从对方的外表特征怎样推测出他的个性？对方儿时长得是什么模样？那是一个小小的水痘伤疤吗？对方在阳光中生活过吗？一分钟左右后，学生们开始放下自我意识，转而真正地观察对方。由此，他们做好了开始表演的必备先决条件：敞开心扉，并进入玩乐的状态。

能够让我们安心地敞开心扉的玩乐方式有很多。玩乐可以调节我们内心深处对亲密情感的恐惧和不安。正如我之前提到的，调侃，是一种常见的探索关系边界和解决权力问题的方式。通常情况下，男人比女人更擅长使用调侃。而对于那些不习惯的人来说，调侃可能会有些粗鲁。一个人可能会问朋友"你还在开那辆破车吗？"朋友回答道："是的，但至少它已经付清了，不像你那陆地巡洋舰。你的油耗是多少，什么，两加仑一英里？"如果有人感到很不开心，朋友可能会说，"我只是在开玩笑"或者"我只是在调侃你"。这种玩笑话的边界通常在文化中有固定的范式，但是谈话中的肢体语言，则常常暗示着调侃进一步说下去还是停止。

带些不切实际的夸张玩笑话，可以让我们自然地表达出担忧而不会看上去像是在控诉。一个朋友可能会这么说："当然，你现在是我的好朋友，但是一旦当我借钱给你，你立刻跑去波拉岛，我可能永远都不会见到你了。"

玩笑话就像是一段关系的"微创手术"：它们可以在不留下一点创面的情况，慢慢渗入内心深处的情感。我的一个好朋友，一位已退休的才华横溢的风湿病学家。最近，他在网球场上心脏骤停，留下了一些脑损伤和思维混乱的后遗症。但我们可以通过玩笑与他沟通。当我和几个朋友站在他的床边讲笑话的时候，我们都笑了，并且清楚地感受到我们彼此之间的联结。幽默避开了大脑高级中枢的混乱，直达位于大脑皮层下的情绪中枢。这就是为什么最理性的政治演讲可以通过一个好的玩笑话被人们长时间记住。

没有了这些各种各样的社交游戏，我们会发现彼此很难在一起相处。我们要么会像过热的引擎那样停滞，要么我们将不得不像蚂蚁或蜜蜂一样，演变成一种僵化的、高度组织化的社会结构。玩乐是让人类社会正常运转、让每个人亲近彼此的润滑剂。

这就是为什么玩乐是爱的最重要元素。

爱的一号药水

来自罗格斯大学的海伦·费舍尔和纽约州立大学石溪分校的亚瑟·阿伦，用磁共振成像（MRI）观测坠入爱河的情侣的大脑活动。两位研究者一致认为，情人间的爱与三个独立的大脑系统有关，分别是性爱、浪漫式爱情以及依恋。

情人间的爱开始为性爱（又被称为"欲望"），是性驱力的结果。性的吸引力是非常不确定的——我们往往很容易对跟我们"同一类型"的人产生吸引力，也会不由自主地去接近对方，寻找配偶，以确保我们的基因能延续。性驱力是直接而强烈的，但没有注入认知和经验的智慧。

但费舍尔认为，第二阶段浪漫式爱情要具体得多。在浪漫式爱情中，我们会被一个人深深地吸引。那些深陷爱情的人会感到一股巨大的能量，就好像服用了安非他命，可以彻夜不眠或做大量的工作。当浪漫式爱情是相互的时候，恋人们会感觉到整个世界都改变了——颜色变得更加鲜亮，食物变得更加美味。他们满眼满心都只有他们的挚爱，并且愿意为了所爱之人牺牲一切。费舍尔坚信，浪漫式爱情让我们把注意力从最初短暂的性冲动变成对伴侣的持续承诺。

费舍尔爱情理论的第三个阶段是依恋，这是狂热的性爱、理想的和强烈的浪漫式爱情都退散之后，我们与某个人在一起时所感受到的和谐与舒适感。她认为这种依恋关系可以让我们有足够长的时间与伴侣一起去抚育孩子。在费舍尔看来，这三种类型的爱对于每个人来说都是相互独立的。我们可能对某人产生性欲，对另外一个人产生依恋，对第三人产生浪漫式爱情。这样可能会令人困惑、烦恼，如果真是这样还会有破坏性（但至少可以这么说）。

我的一位朋友，生活平凡但喜欢赛车，他曾有机会开着F1方程式赛车在我家附近的拉古纳塞卡赛道绕了一圈。之后他说，赛车的动力有些吓人，只要给油门稍微施加一点压力，后轮就可以轻松地转动起来。事实上，爱情与之类似。爱情产生的生理反应足以让人失控。为了让爱情始终如一，在其每个阶段都应该融入游戏。而且，当我们的大脑和身体处于荷尔蒙饱和状态的时候，我们必须对游戏的类型和优点有足够的了解，才算做好准备接纳它。

共同游戏可以使一段长期的成人关系保持新鲜和动力。在一段健康的关系中，它就像氧气一样普遍存在、大多数时并未被注意到，却对亲密关系至关重要。它通过开玩笑、体验新奇、反讽世界、分享趣事、打开想象等为情感保鲜。当这些有趣的交流和互动滋养一段情感时，会创造出一种轻松、联结的氛围，以及更深层、更具回报的关系——真正的亲密。

将游戏从关系中抽离出来，就像步入攀登珠穆朗玛峰的缺氧"死亡区"一样，关系就变成了一场生存耐力挑战赛。如果没有游戏技巧，应对不可避免的压力的途径就会变少。即使忠诚、责任、义务和坚定依然存在，但如果少了游戏，就没有足够的活力来维持关系的愉快感和满足感。

我们在某种程度上都知道，为什么在关于吸引力的调查中，幽默感总是被列为人们最希望拥有的特质之一。这也是为什么约会的活动都是围绕着游戏设计的。标准的约会，如晚餐交流、观看电影和开车兜风，会调节性的冲动并给人们仪式的空间让彼此相识。此外，游戏还能提高吸引力。众所周知，一点点冒险（游戏的主要元素之一）就可以点燃爱情的火焰，这就是为什么狂欢节（或者我的经验中骑摩托）也是一种很受欢迎的约会活动。将游戏的所有元素结合在一起，便成了一种有效的爱情药水。

当然，正如许多童话故事所证明的，爱情药水有时候也会失效。费舍尔讲述了一个在同事实验室里的男研究生和心仪女生的故事。不幸的是，这位女生并没有回应他的感情。根据那个男生的研究，他知道刺激、新颖的活动会提高吸引力，因为这些活动提高了大脑的多巴胺水平。因此，一次在北京的会议活动期间，他决定将科学付诸实践。他听闻坐人力车很刺激，于是就邀请了他喜欢的女生跟他共坐一辆。女生同意了，而那一天也显得如此完美：当人力车夫以疯狂的速度带着他们穿过城市的街道时，女生不停地笑着、尖叫着，并紧紧地抓着他。当这段行程结束的时候，她微笑并感谢他："真的是棒极了！这真是一个很好的旅程。"这个男生当时自我感觉非常好，直到女生补充道："你有没有觉得那个人力车夫很可爱？"

游戏作为性的象征

生物学家杰弗里·米勒曾提出，游戏本身就是一种性特质。他认为游戏的产品，如艺术、戏剧、运动和音乐等存在的原因是它们是人类交配活动中所需展示的一部分。米勒将艺术和人文比作雄孔雀的尾巴。尾巴由小而亮的羽毛组成，显示着雄孔雀的健康状态。如果一只雄孔雀患病或基因突变，它就无法展现出惊艳的开屏。因此，一只能够炫耀开屏的雄孔雀更容易交配成功。事实上，对开屏大小的选择逐渐成了一种迷恋。屏开得越大，孔雀的基因就越能成功地遗传到下一代，经过历代的传承，孔雀的尾巴会越来越大。在某种程度上看，拖着一条十英尺长的彩色尾巴会成为雄孔雀日常生活的障碍和麻烦。然而，性选择胜过了自然选择，其力量是如此强大。即使这种巨大的尾巴没有任何实际的生存目的，但对于雌孔雀来说依然是很好的选择。

在米勒看来，故事和玩具就像雄孔雀的尾巴，可以作为一个人是否健康、聪明和高情商的标志，但传承过程开始失控。最终，毕加索和米克·贾格尔等出现，尽管他们的艺术和音乐不具有生物学上的生存优势，但有巨大的交配吸引力。

我对这个理论的疑问是，艺术和人文等所有游戏驱动的产物，确实都有生存的优势。像许多进化论科学家那样，将其视为本质无用的东西，其实是忽视了游戏和人文有助于人类社会及文化的协调。艺术是情商的指标，也能促进情商的提升，帮助我们成长和适应。科学家们可能需要较长的时间才能欣赏到人文学科的现实优势，但只要他们再深入探寻一点就会发现，那些演员、画家、编剧和音乐家，不仅是由于无目的的进化遗传基因而形成的性符号。他们引人注目的原因是其强烈地展示了游戏的驱动力，这种游戏驱动力使得我们人类能够被定义为一种有创造力的物种，并且必须通过练习才能被充分发展。强烈的游戏驱动力是健康繁衍不言而喻的证据。

游戏和玩家

如果一个人很会游戏，我通常会称他们为真正的玩家，这是一个褒义词。但用在约会中时，"玩家"一词有贬义。健康的约会涉及互相交流和对彼此的判断。但被称作"玩家"的这类人，则是在自我沉浸和严格操纵的游戏中自娱自乐的人。"玩家"主要用于男性，但女性也会有类似的行为。对于玩家来说，他们并不真正关注约会对象的生活和需求，所以没有与他人协调的可能。自恋的恋人是强权的、目标驱动的，并以性高潮、诱捕、承诺终身依赖或支配为目标。在真正的游戏中，约会等活动本身是愉快的，且为此而进行。这凌驾于任何有目标的意识之上。一旦有人被剥夺了游戏的真谛，他们更可能仅沉浸于自恋之中。

而其他的欲望对象，如豪车、昂贵的餐厅、金银珠宝和家庭影院等，可以增加自恋的刺激，却没有情感的抒发或真正的联结。这就是为什么玩家们都很危险。他们欢迎别人敞开心扉，但却不会给人回应。

我觉得，"玩家"一词有负面意义是令人惋惜的，希望我们能用不同的词汇来区分游戏和玩家的不同类型，就像因纽特人用许多不同的词来形容雪。

浪漫和依恋

可以这么说，浪漫式爱情是爱的最深层形式，具有超强的驱力。浪漫式爱情的理想和狂热有着与毒瘾类似的成瘾特性。事实上，当海伦·费舍尔和亚瑟·阿伦对陷入爱河的人进行MRI检测时发现，这些人的大脑激活区域和吸食可卡因时的反应是一样的。

由此我们可以重申，游戏的调节作用是必要的。没有了游戏，浪漫式爱情就会逐步趋向于占有、支配或侵略。一个人对浪漫式爱情的情感感受与其伴侣是完全同步的，如果失去同步感情就难以延续。适当的幽默或反讽有助于防止一个小问题演变成严重的大问题。游戏让一切保持平衡的状态，给关系提供灵活的弹性，让夫妻从误解与不切实际的期望中走出来。

　　爱情当然也有不好的一面。虽然爱情会让人感受到强烈的快乐，但同时也会给人带来极度的痛苦。这也是为什么爱情的隐喻有时是暴力。当丘比特的箭射中我们的心脏时，我们便成了"爱的俘虏"，甚至"热情"一词都是来源于拉丁语"受苦"。如果爱人离开或者更糟糕的，没有人回应自己的感情，感受到的折磨会更为强烈。研究显示，情感上的伤害会造成实际的身体伤害。心碎致死虽只是一个比喻，但事实上，当人们长期承受相思的压力，他们在面对感染、中风、心脏病和其他疾病时会更加脆弱。相反的，通过做游戏能够增强人体免疫力，这一点也越来越被研究所证实。

　　保持浪漫式爱情的游戏性，使得人们避免对痛苦和失去的承受能力变弱。游戏将我们的情感、行为与外界的世界联系在了一起。恋人们可以如此投入而不受外界的影响，对于他们而言，除了彼此没有其他。但即使恋人们在一起游戏中丧失自我意识，游戏的快乐又可使其重新与外界保持一致，他们的内在感受与外在自我和谐统一。从神经生理学的角度来看，他们内在的情绪调节能力与外部世界的现实是相平衡的。游戏让他们避免失去朋友和工作。

众所周知，再热烈的爱情都会随着时间慢慢消逝。如果在一段关系的开始时游戏就已经成为其中的一部分，那么长期的亲密情感所留下的并非性冲动和浪漫式爱情，而更多的会是结合在一起的依恋。

柯立芝效应

我们生来就喜新厌旧，这是人类的一个通病。总有一天，你会发现伴侣的所有故事自己都不止一次地听过，甚至熟悉到他/她一开口，你就可以预料到接下来要讲的是什么。柯立芝理论认为，新颖性能带来性爱刺激。这个理论是根据卡尔文·柯立芝总统的一个故事提出的。据说，柯立芝和妻子格蕾丝在参观一个家禽养殖场时，农夫指着一只雄壮的公鸡自豪地说，这只公鸡每天可以交配几十次。即使这句话肯定被柯立芝听见了，格蕾丝依然说道："我觉得你可以告诉一下柯立芝先生。"

柯立芝不慌不忙地问农夫："总是和一只母鸡吗？"

农夫回答道："当然不是，每次都是和不同的母鸡。"

柯立芝说道："我觉得你可以告诉一下柯立芝太太。"（这个故事有很多不同的版本，但我觉得最有趣的是，这一对话极具讽刺和游戏意味。）

对于动物来说，柯立芝效应主要体现在更换新伴侣时性兴趣会增加。但人类则不必然需要通过更换伴侣来增加浪漫感，其他新颖的刺激也行。阿伦在关系实验中验证了这一点。多年来他招募了很多对夫妇，首先测量他们与伴侣的幸福感基线水平，然后让其完成不同的活动。在一个研究中，他让实验组的被试接受大众的意见，花时间在熟悉且愉快的活动中游戏；让对照组进行一般的活动；让第三组进行一些新颖的、没有做过的活动。

阿伦发现，十周后那些做着不熟悉和新颖活动的夫妇比做熟悉的活动的夫妇在满意度上高很多。对此，阿伦认为做新颖的事情可以提高我们大脑中多巴胺的水平，而多巴胺是一种传递愉悦情感的神经递质。简而言之，那些做不熟悉和新颖活动的夫妇的大脑达到了游戏的状态；而那些做着熟悉且愉快活动的夫妇也感受到了快乐，但他们可能并不是处于游戏状态中。

打破常规、寻求新鲜、对偶然事件敞开心扉、享受意外、冒些小风险，以及在充满活力的生活中寻找乐趣——这些都是达到游戏状态的标准。仅仅花更多时间待在一起不一定会促进关系的发展，尤其是当情侣中的一个或者两个都觉得在一起是一种责任时。如果伴侣们不改变他们基本的相处模式，花更多时间待在一起可能只会让关系变得更糟糕。

为了让关系保持炽热，伴侣们需要不断成长，探寻自己以及对方的新领域。简而言之，他们需要游戏。一些临床心理学的方法是让伴侣一起讨论出现的问题，并着手分析解决，以此促进关系更深入地发展。尽管我也赞同积极地倾听和交流的重要性，但维持一段健康且充满活力的关系，不仅需要排除问题的干扰，还需要发现或再次找到能产生真正快乐的因素。

在生活中，爱情面临着许多挑战。伴侣中一人或者两人都可能会经历失业、失去经济来源、健康出现问题、失去社会地位、失去家人等困境。如果个体的内在自我与外在身份紧密相连——如作为一名医生需要有完美的表现，那么适应这种外在困境将会变得很困难。不可避免地，我们都会老去，身体也会发生改变，疼痛会更频繁地出现并持续更久。在某种情况下，一些重大疾病如多发性硬化症或阿尔茨海默病，将彻底改变一段感情的基础。人们需要长期的游戏积累来面对这些挑战。当重大变故降临时，那些通过玩乐让自己的生活充满活力的人，就如我的那位因心脏病发作造成脑损伤的医生朋友，更能缓冲抵御灾难带来的伤痛，遭受的痛苦也会更少。玩乐可以产生镇定和力量，出色的玩乐家能够以从容的姿态更好地面对这些变化。

玩乐允许我们以反讽的幽默和共同人性的分享，去拥抱甚至刻画命运的轮廓。终生的玩乐家即使是在悲伤、失落和痛苦的时刻也能够感受到这一点。这种对于生命的视角带给了我们力量和勇气，去面对世界上的所有的痛苦与不公。如果我们能持续地一起玩乐，那么我们将会不断找到情感上的亲密感和新鲜感，并且充分探索我们所爱之人以及自己。

第七章
玩乐有阴暗面吗？

　　劳伦斯是个聪颖的年轻人。他上了一所名牌大学，有一个很好的女朋友和光明的前景。他还喜欢玩电子游戏。一开始他只是喜欢电子游戏，后来他完全离不开它们。

　　劳伦斯开始把所有的时间都花在网络互动游戏上。女朋友感觉受够了便离开了他。而他，和其他几位网络游戏玩家一起搬进了一所房子，没日没夜地玩。为了消除所有可能反射到屏幕上的光源，减少对游戏体验的影响，他们将房子内部涂成黑色，并给所有的窗户装上厚重、深色的窗帘。

　　劳伦斯上瘾了，他并不关心这样的生活方式对个人社交、经济和健康的影响。劳伦斯和他的室友们的生活都被网络游戏所支配。最终，劳伦斯甚至不想和室友交往。他决定一个人生活，现在他唯一的"朋友们"就是那些在网上联系的人。

＊ ＊ ＊

　　密尔沃基地区的几个十五岁左右的孩子，喝了几杯啤酒后开始向一个无家可归的人扔棍子和树叶，然后把他踢死了。"一开始只是闹着玩的，"其中一个孩子告诉记者，"我们都在笑，我们以为（其中一个男孩）在开玩笑，但他不是。"此外，佛罗里达的高中生在树林里找到一个无家可归的人，并把他打了一顿。这些孩子被抓是因为他们制作了一段"袭击"的录像，录像显示他们袭击时大笑并且开着玩笑。当被警方讯问时，他们说自己"只是在胡闹"。

＊ ＊ ＊

俄克拉何马城的一个冷静、稳重的男子在拉斯维加斯小赌后发现，自己真的很喜欢赌博。很快，他就成了一个豪赌者，他失去了自己的房子和生意，被迫住在这座城市酒店的套房里。"玩扑克的时候，我感觉没有什么比这更重要的了，"他说，"我以为我的运气会好转，但并没有。"

这样的例子让人怀疑玩乐是否会向坏的方向发展。当一场健康的玩耍活动能激发我们时，是否也有一些玩耍活动会让我们变坏？玩乐真的有破坏性吗？

这是一个会让人非常疑惑的问题——更多的游戏或让孩子玩得更多是否是明智的。我理解这些疑虑。毕竟，让自己尽情玩乐本身就显得很可怕。你可能害怕这样看起来很傻，或者为浪费时间，显得轻浮、不成熟而感到内疚。并且玩耍可能会让人失控，从而成为生活中的一股消极力量，这也是危险的。对许多人来说，这可能是另一个不愿意玩的主要原因。

尤其是电子游戏成瘾，已经成为世界上发达国家的祸害。在美国、欧洲和亚洲，已经开设了专门的诊所治疗那些电子游戏、电脑游戏成瘾的成年人和儿童。这些成瘾行为干扰其正常生活，使他们睡眠不足，甚至失去了对现实的控制。成瘾者在看到电脑终端时可能会开始发抖或出汗，在戒断时会出现身心症状。成瘾者连续玩四十八小时游戏的情况并不少见。在被称为世界上游戏文化最激烈的国家——韩国，有1/8九至三十九岁的人，要么沉迷于游戏，要么在近乎上瘾的边缘。据《华盛顿邮报》报道，2005年，至少有十名韩国游戏玩家死于长时间保持同一姿势后的血液凝结。

玩乐是否具有破坏性或恶劣影响一直是科学界争论的焦点。布莱恩·萨顿·史密斯是一位研究玩乐的专家，他长期以来一直认为玩不是单面性的活动。他认为在玩的过程中，我们可以进行不光彩的、双面性的行为，而且玩的过程中的虐待、残忍和生活中一样常见（也许更多）。

萨顿·史密斯最近的作品《游戏的模糊性》有力地证明了这一点。他记录了游戏里面包含关于迷路、偷窃、杀人、逃跑等富有想象力的故事。萨顿·史密斯将这些故事看作黑暗和威胁的"幻觉"，甚至比现实生活可怕得多。在他看来，这种游戏的存在证明了玩有消极的一面。

我感觉玩乐的本质是由进化塑造成的，目的是创造更乐观、更具探索性的世界观和更和谐的社会互动。有些人所说的玩的"阴暗面"，实际情况比较复杂，比如，玩乐被用来处理复杂的情绪，或者人们根本没有真正在玩。施虐或残忍作为控制他人的手段，以及不能被打断的强制被迫行为，都不是玩乐。

欺凌是人们列出的关于玩乐具有负面性或破坏性的最常见例子之一，我们应该都有小时候和朋友一起玩时被嘲笑、戏弄、殴打、抛弃或羞辱的记忆，而折磨我们的人却在大笑和拿我们取乐。更糟糕的是，在对其他孩子（甚至像上面提到的流浪汉那样的成年人）进行人身攻击和伤害时，有些孩子声称"只是在玩"。

对我来说，这很明显根本不是玩乐。玩乐的主要特征之一是希望玩能继续进行下去。如果参与玩乐的一方比另一方更强大，强大的一方就会自动地自我设限，以维持公平的竞争环境并让玩乐继续下去。在动物游戏中很容易看到自我设限，比如北极熊"咬"哈士奇的脖子。如果你想看到更多的例子，只需要在视频网站 YouTube 上搜索"猫狗游戏"，这些狗要大得多，也可怕得多，但它们会蹲伏在地上让自己变小。如果它们用爪子"攻击"猫，动作会很轻柔。

我童年记忆中有一个关于儿童自我设限的极佳例子。那是芝加哥的十一月，一个典型的灰蒙蒙、下着毛毛雨、冷飕飕的初冬午后。那时候我十岁。我们邻里间大约有八到十个男孩正在组织一场沙地橄榄球赛。因为年龄、体型和能力等方面的因素，林尼·基思和道基·韦弗两位被选为队长。其中道基是社区明星。我哥哥布鲁斯和我加入了林尼的队伍。很明显，道基的球队要强大得多。

在争论了大约十五分钟的比赛规则后，道基赢得开球机会。我是两支球队中最幼小、体弱的一个，之所以被允许参加比赛，是因为我的哥哥在场并且给了我勇气和信心。所以，当道基向我发出一个漂亮的高踢球时，每个人都知道第一场比赛的结果会是什么样的。

在球飞到中间的时候，林尼大声喊道："不要接！"游戏立即停止，双方开始了一场大争论。最后林尼赢了，并在游戏中添加了新的规则"除非我们想接，否则可以三次不接球"。比赛继续进行。

我不记得比分了，但我记得我们队输得很惨，可是没有人为此感到特别难过。我们在比赛中花了更多的时间去调整球队和改变规则，而不仅是一个劲儿地比赛，但我们在没有监督、没有父母、没有裁判的芝加哥冰冷的泥地上纵情打滚，让比赛尽可能地继续下去。

成人的玩乐也没什么不同。竞争可能让我们想在短期内占主导，但一直这样的话，玩就会变得无聊。这就是职业体育赛制中要保持各队之间一定平衡的原因，这样较弱的球队才有机会。在玩乐中寻找平衡的自然冲动，也使得人们为处于劣势的队伍加油，而反对一直获胜的队伍。除了最狂热的球迷外，没有人希望看到洋基队或爱国者队赢得每一场的冠军。在一些玩耍活动中，比如业余高尔夫球，障碍是官方游戏中明确设计的一部分。

当某人专横、好斗或崇尚暴力时，不管他们在做什么，都不是在真正地玩。他们可以玩大富翁、棒球、小游戏，或者只是开玩笑，但是如果他们试图从身体或心理上伤害某人，他们所做的并不符合玩乐的所有标准。人们可能通过开玩笑或者玩游戏的方式使用暴力，是因为这样可以帮助他们减轻良心的谴责，并否认自己的残忍。这就像蝙蝠侠漫画和电影中的小丑一样，小丑比普通的罪犯更糟糕，因为显然他在施暴中获得了乐趣。

获胜是运动和玩耍中的一个必要部分，但即使是在竞争中，也有某些规则支配着玩乐。有一个共识是，"好运动员"在比赛开始后可以尊重双方并和对手握手。对公平竞争的渴望可能在我们的基因中根深蒂固。科罗拉多大学生态学和进化生物学名誉教授马克·贝科夫清晰而雄辩地描述了玩乐与道德发展的结合。

对野生企鹅和土狼的长期实地研究，以及沉浸其中的哲学思考，使贝科夫成为一名探索动物社会行为和利他主义关系的世界级专家。他还与人合著了一篇关于游戏理论的开创性论文《哺乳动物游戏：为意外事件进行训练是否有趣?》，这来源于他对野外多物种游戏的详细观察。他指导过的研究生，包括约翰·拜尔斯等，留下的学术财富进一步确立了他的权威。贝科夫将动物传递游戏信号这一行为描述为社会信任的基础，这是第一个社会公认的"信念标志"（实际上，动物是在说"接下来的游戏不会伤害你"）。他还表明，动物游戏的运作是为了环境平衡，促进公平。因此，对贝科夫来说，正义始于动物游戏，并由健康的人类游戏培养而来。

在马克辛·约翰斯顿的著作《运动的首要性》和《道德的根源》中，写到了"知道"的起源来自肢体运动，游戏是主导老师。马克辛·约翰斯顿是舞蹈和哲学博士，在书中她写了一系列关于"身心合一"以及"以大脑为中心"的不平衡的论证，而这些论证都是她亲眼所见、令人信服的。

每个人都和爱较真的人比过赛，这些人不能忍受失败，在输了很久之后还会有糟糕的情绪。这些差劲的参赛者毫无乐趣可言，他们毁掉了比赛，而且与这种扫兴的人比赛，即便获胜了也不会让人愉快的。差劲的参赛者往往是自恋地沉浸在其中，而不是沉浸在游戏最能提供的团队共同情感和忘我状态中。说实话，他们根本不是在玩。

玩乐的吸引力之一是每个人都同意这样一点：这只是一场游戏，最后结果并不那么重要。专业运动员必须努力提醒自己这一点，因为他们的薪水取决于表现，他们很容易忘记这只是一场"游戏"，而且自己要承担输赢的后果。在这种情况下，比赛就可能成为一个苦差事。比利时自行车比赛冠军汤姆·布宁谈到他对抗这种感觉的方法时说：

我认为赢得比赛肯定是件快乐的事情。但这必须是一种爱好而不是一个职业。你要记得开始骑自行车的那天，你的目的并不是为了成为一名职业自行车手或挣钱。你成为一名自行车手、试图赢得比赛，都是因为你喜欢做这些事，是因为比赛的乐趣以及能从中得到你喜欢的东西。如果你一直记得你为什么成为职业自行车手的时候，事情就变得容易多了。赢得比赛是一件大事，但我们仅仅只是在骑车。比赛必须是你喜欢的东西，然后一切才会进展顺利。

在玩的过程中，我们学会如何优雅地处理生活中的得与失。到最后，我们学会了握手和放下情绪，这在现实生活和玩乐中都很有用。而一个差劲的玩耍过程在这两个领域都做不到。

游戏上瘾

沉迷于电子或电脑游戏怎么办？这种情况下，并没有针对其他玩家进行攻击或使用暴力。

让玩家不能停止玩的游戏，是一种病态的游戏形式吗？

对于大多数人来说，成为玩家是一件有趣的事情。我熟悉的年轻玩家中大多数都很擅长电子游戏。他们被电子游戏所吸引，感受到挑战，并不断提高自己的游戏技巧。他们中大多数人除了玩游戏也参与其他活动，或者是因为还小仍然听从于父母，或者他们的游戏活动受到严格控制，或有许多其他娱乐活动也可以参与。在这种情况下，游戏对大脑发育甚至有积极的影响。一个医学杂志最近发表了一篇文章，表明玩电子游戏的外科医师在微创手术中使用关节镜工具更准确、更迅速。美国空军在试飞无人驾驶机时，着重挑选了精通电子游戏的飞行员。而这种飞机有一天很可能会完全取代有人驾驶的战斗机。

关于围绕屏幕（包括电视、电脑、Game Boys 游戏机、手机和 iPods）的游戏，我担心的是这些游戏会让人们久坐不动，使人与现实世界隔绝，但人与人之间的互动是保持心理健康的重要组成部分。当人们看屏幕玩游戏时，他们并没有参与到自然世界中，也没有发展我们作为社会动物成熟过程中的社会差异。

屏幕提供的强烈视觉刺激加上迷人的故事，是非常诱人的玩伴。我看到孩子们在地板上开心地玩积木，彼此互动、协商、创造新的故事情节，健谈又充满活力。然后，电视打开，游戏停止，互动不再。故事情节是由电视这个盒子设定的，孩子们只是在跟着，一动不动，一声不响。单人电子游戏同样是注意力的消耗者和社交孤立者。

在现实世界中，这种屏幕游戏所激发的情感通常是要通过身体活动释放出来的。如果没有这种身体上的释放，孩子们会变得坐立不安、难以集中。有研究表明，注意力缺乏和过度游戏之间存在相关性。不过像 Wii[1] 这样的视频游戏，将高强度的身体活动与基于屏幕的游戏玩法结合起来，改变了上述的关联性。结果可能是，对于玩家来说，这类游戏比久坐不动的游戏更健康。

我的另一个担忧是，过度使用屏幕上的娱乐忽略了人类在物质世界里深层的互动需求：如感受地心引力的牵引、身体移动的时空维度以及固态物体的物理阻力。我们与这个世界的大部分互动都是通过双手。弗兰克·威尔逊终其职业生涯致力于研究手和

1　Wii 是任天堂公司曾推出的一款家用游戏机。——编者注

大脑的关系。在威尔逊看来，手和大脑是共同进化，彼此依赖的。失去双手的人当然可以通过其他方式和环境互动，但是从数百万年前的人类祖先开始，双手就一直是我们的身体用来操纵（manipulate，操纵这个词来自拉丁词"手"）周围世界的主要工具。

手和脑彼此需要——手提供与世界互动的手段，而大脑提供方法。正如威尔逊从神经学上讲的："手总是在寻找大脑，而大脑也在寻找手。"

我和威尔逊一样，认为手和大脑都很重要，这不仅仅是因为手和大脑的功能强大，而且使用手来操作三维物体是大脑发育的一个重要部分。全世界的孩子都在玩积木和时尚泥饼、推玩具、扔球、建造"堡垒"和"房子"。我展示的这些常规游戏，都是使用手的例子，而这些游戏持续的滋养使神经增长和复杂化。

几百万年来，这已经成为我们遗传基因的一部分。所以当孩子们用他们的手去做事、玩耍和探索的时候，他们正以一种与人类设计相一致的方式发展大脑，这也是所有灵长类动物在漫长的进化轨迹中发展出来的方式。

最近有科学证据表明，我们大脑对三维物体与对屏幕上二维物体的反应有很大的不同。在一项特别的研究中，用功能性磁共振成像（fMRI）的大脑成像技术，一个允许直视头顶的窗口是实验的一部分。当一只真正的手拿着一个球出现在窗口时，大脑视觉和联想回路的大片区域被激活。当一张一只手拿着一个球的照片被展示时，视觉皮层显示出类似的兴奋，但联想区域没有激活。似乎我们天生就被设定能在自然环境中"看"得更全面。

我担心屏幕游戏的另一个主要原因是可能会上瘾。尽管这一点仍有些争议，但大多数专家认为，沉迷于电子游戏可以和鸦片等明显的成瘾相提并论。

在正常人体内，内源性阿片肽（opioids）是重要的分子。阿片类药物的作用之一是阻断疼痛产生的神经回路。人们将阿片类兴奋剂的功效描述为产生一种深层的幸福、舒适感，仿佛世界上所有的苦难和艰辛都被带走。在正常生活中，当我们处于大量压力或遭受剧烈疼痛时，大脑会释放少量的这种止痛物质，叫作"内啡肽"。

这些内啡肽和其他神经信号分子来源于高强度的锻炼后，所谓"跑步者的欢快感"正是因为内啡肽。但也有一些是我们接触到内啡肽后的自然反馈调节。当人们使用人工阿片类药物如可待因或止痛剂等调节时，大脑就会受到大量阿片类物质的冲击。

使用阿片类药物不会使人自动上瘾。研究表明，大多数人使用治疗疼痛的阿片类药物并没有上瘾。他们感谢药物对身体不适的缓解，甚至可能会喜欢上阿片类药物带来的欢快感；但是当疾病治愈，他们很容易停止服用这些药物。但是，那些由于受到虐待或其他原因而有慢性精神病痛的人往往会上瘾，因为阿片类药物可以缓解这些病患认为不可能治好的精神痛苦。

作为一种有益的活动，游戏会激活奖励回路。与内啡肽一样，一些回路会自然地调节限制我们玩游戏的时间。身心健康的成年人会喜欢玩游戏，但经过一段时间后，他们会厌倦正在玩的任何游戏并去做其他事情。然而，那些用游戏来逃避其他精神痛苦的人不会停止游戏。因为如果停止，他们的痛苦和焦虑又会卷土重来。

因此，这种逃避的快乐会上瘾，随后对身体、社交、情感和认知带来灾难。我所采访过的那些青少年中，铁杆游戏玩家很难区分虚拟和现实。他们所体验到的意识流的质量与普通人不同。非游戏玩家通常喜欢伪装自己的内心活动，但很容易将其与现实区分开来。但对于上瘾的玩家来说就不是这样了。

此外，使人上瘾的游戏满足了人们一种深层次的心理需求。许多沉迷于电子游戏的人，是那些面对生活中各种各样、模糊不清的挑战感到不舒服的人。生活中的事情，往往不清楚是"赢"还是"输"。游戏却提供了一个非常可控的世界，在这个世界中，胜利和失败是清晰、明确的。在日本和韩国，游戏成瘾普遍存在的部分原因，可能是年轻人在这样的社会中面临着巨大的压力，他们被要求沿着一条非常具体和僵化的职业道路取得高成就，而很少有机会让其确定自己的追求。

那其他形式的游戏呢？霍华德是一个沉迷于赌博的人。他说第一次体验到完全无拘无束的快乐，是自己第一次中了老虎机头奖的时候，然后他为大家每人买了一杯饮料。他觉得自己很有力量，能掌控事情和被爱，这些都是他从没想过自己能得到的。他无法停止再中奖的幻想，所以不断地赌博，以期再次体验那些感觉。沉迷于电子游戏的人（主要是年轻人）通常会对自己能否满足成人世界的需求感到焦虑。他们的社交技能没有经过磨练，性格常常很腼腆，认为自己无法达到成功的期望值。在线或视频游戏提供了一个可以"成功"的世界。他们很快就会得到成功的回报，失败也很容易逆转。

游戏成瘾并不代表玩游戏的"阴暗面"，正如肥胖不代表食物的"阴暗面"。总的来说，三维空间的运动和社交游戏是一种"更好"的游戏形式，就像均衡的饮食比总是吃糖好一样。后者提供更多的是即时满足感，但从长远来看是有害的。我们需要游戏和食物来保持健康。当然，错不在过度的游戏或食物本身，而在我们自己。事实上，过度沉迷于游戏很好地展现出我们在生活的其他方面所面临的心理落差。在我四十多岁的时候，我花了很多个人的美好时光专注于开车和积累里程数。即使我当时对游戏已经很了解，但我还是很遗憾，当时没有意识到开车已经占据了我私人生活和职业生活的大量时间。

在经历了一场个人生活危机后，我开始审视自己并意识到，在理智上我明白定期参加社交游戏在生活中的重要性。但由于工作和"游戏"的狂热驱使，以及对职业、家庭和身体锻炼的过度投入，我失去了真正游戏以提高生活质量的回报。这并不意味着我没有度过令人焕然一新的假期或者偶尔兴高采烈地玩过。但我整个生活是以工作为导向、充满压力的，我甚至会想在不牺牲睡眠和娱乐的情况下尽量完成更多的工作。

现在回想起来，我发现应该更早、更持续地在职业生涯中融入玩乐，并对努力工作设置明确的界限。我以前想把工作和玩乐人为地分开，这是最主要的错误。在家庭环境中，我会试着在帮助孩子们做作业中融入更多的游戏，在需要居家完成的工作中融入更多的放松方式。而在当时，我被迫要在职业生涯中取得太多成就，并把这种态度带到了家里。过去二十一年对玩乐的探索让我个人发生了转变，并为这本书提供了直接经验。

打破规则

有一些玩乐理论家认为，玩永远是好事，没有任何坏处。我不认为玩乐总是甜蜜和轻松的。玩也可能是危险的，人们可能会在玩乐中受到伤害。打闹是所有幼年哺乳动物包括人类的典型游戏。但有些打闹往往做得有点过火。对于小狗来说，你可能会看到受伤的狗尖叫并迅速后退；对于小孩来说，一个孩子可能会惊呼"啊！真的弄疼我了！"并进行还击。在大多数开放的游戏场地，玩耍演变成一场打斗的现象屡见不鲜。在健康的玩乐环境下，孩子们会暂停片刻，伤人者会让受伤者知道自己不是故意的（可能是非语言的，通过回礼或一个关心的表情），然后玩乐继续。这样两人都知道如何继续玩下去。这似乎看起来有点矛盾，但这样的情节可以让孩子们更亲密，甚至可以让他们更自由地玩耍，尤其是这个时候他们明白了自己的底线。

当我谈及打闹玩耍时，大多数人都会想到男孩。的确，男孩比女孩更经常地进行身体上的打闹。但女孩们玩的通常是一种有很强心理成分的打闹游戏，可能包括更多的角色扮演、八卦、戏弄或排外的小团体。一个"刻薄"的女孩通过心理上的恐吓和排斥，就类似于一个男孩的欺凌，两者都会打断玩耍的进程。与身体上的打闹游戏一样，孩子们也会受到伤害。但在健康的环境中，女孩们会了解到什么是过分的，并因此变得更加亲密。

在这两种情况下，我想我们成年人可能会过早地介入并阻止这种玩耍活动。因为我们看到了潜在的小伤害，当听到了像是失控的尖叫声和咕哝声时，我们会迫使游戏停止；我们对流言蜚语感到不舒服，于是反射性地介入进来，以确保孩子们是公平的。但是这样做，我们阻止了孩子们的独立学习和相互学习。当然，当我们清楚地知道有可能造成严重的身体伤害（不仅仅是瘀伤或擦伤）或永久性的心理伤害时，我们需要履行作为家长或游戏监督员的责任。但在大多数情况下，顺其自然可能要好得多。如果事情进展不顺利，我们可以稍后再来问孩子们对心理或身体上玩闹的感受。孩子们通常会给我们线索。在真实的打闹游戏中，参与者在击球、跳水、摔跤、追逐和质问时尖叫、欢乐和大笑，比赛结束后他们仍然是朋友。

我希望未来能有更多健康的玩耍形式，其中一个希望是让美国国家玩乐研究所提供学前教师关于低龄游戏的可靠、有用的信息。如果儿童早期的打闹游戏被看作混乱的、吵闹的、失控的而遭到打压，那么它们的好处将不会显现。孩子们需要此类游戏，这样才能让以后各阶段更顺利发展。另外，必须把学龄前阶段出现恃强凌弱和排他性的过分行为扼杀在萌芽中。老师和家长需要了解什么是正常、什么是不正常的游戏。

许多人没有意识到，这种打闹的游戏会持续到成年，而且可能是维持健康的人际关系所必要的。我们不再用身体对抗或扭打，取而代之的是开玩笑和调侃。调侃因文化和个人气质而异，但无处不在，尤其是在感情很亲密的人之间。正如我在上一章提到的，调侃让人们更加亲密，直白地说一些过火的话可能会造成伤害，而调侃可以给所有人一个逃避的机会。这种调侃是一种通过游戏习得的社交技巧，有文化的理解界限。如果你的目的是开导别人或者只是为了让大家都开心，那么调侃和开玩笑是建立社交联系的重要元素。如果潜在的动机是贬低或羞辱对方，那就是不健康的游戏。

在凯瑟琳·赫本和斯宾塞·特雷西的许多电影里，他们用戏谑的玩笑安全地探索人际关系中的权力问题。电影《心灵捕手》中有一个很好的深情调侃的例子，当朋友威尔（马特·达蒙饰）和恰奇（本·阿弗莱克饰）毫不拘谨地表达了他们的感情：

恰奇：嘿，混蛋。

威尔：怎么了，八婆？

恰奇：生日快乐。

我的家人都是爱调侃的人。我的堂兄阿尔六十二岁了，身体很好，仍然在当曲棍球教练。但我们一见面，就开始"互怼"。

我：你的头发都掉光了。

艾尔：嗯，你的肚子真大。

我：你看起来已经九十岁了。

艾尔：很惊讶你还活着。

这偶尔感觉有点不舒服，但你要学会适应并做好准备。在这一切的背后，我知道它基于爱。取笑外表实际上是在说："就年龄而言，你看起来不错。"但如果他真的快死了，我就不会取笑他看起来有多糟糕。又或者如果他想开玩笑的话我会迎合他，因为我的调侃会让他觉得自己状态还不错，还禁得起开玩笑。这就是调侃的复杂本质。它是一个非常复杂的信号，表明调侃者双方在感情上很亲近，他们彼此非常了解，而且知道调侃的尺度。

就其本质而言，玩乐是混沌、无既定边界的。它意味着走出正常的生活，打破常规的模式。它改变思想、行动和行为的规则。有些人用玩乐的这个性质作为施虐或残忍对待他人的幌子。"嘿，"如果其他人反对他们可能会说，"怎么？玩笑都开不起吗？"这不是玩乐的黑暗面，因为这根本就不是玩乐。这是虚假掩护下的攻击。它是隐藏在玩乐文化壁垒下的占有、贬低和控制。

在正常的玩乐中，我们仍然可能会因为太过逾越社会规则而伤害到对方。孩子们可能会通过游戏来安全地探索自己的权力能力，但最终却支配了他人。成年人可能会开一些非常私密的玩笑。但是，当我们的互动建立在关心彼此的基础上时，这些伤害才能被纠正并在将来得以避免。改变规则和突破限制应该发生在玩乐领域。它们不是玩乐的阴暗面，而是玩乐的本质。

第八章
世界在玩

　　我有一段很美好的回忆：在塞伦盖蒂平原看狮群。饱餐之后，它们大多打着哈欠仰卧小憩。忽然之间，两只少壮狮子扭打在一起，滚来滚去，共舞芭蕾。乍一看以为是打架了，但我发现它们在跳一支全情投入的狂野舞蹈，背后的本质便是共同玩乐。这项活动节奏感强而内容丰富，主要涉及曲线运动和有节奏的掌爪拍打，且丝毫没有侵犯的迹象。这些猫科动物眼神交流颇为温柔，它们的毛发柔顺地垂着，并未激怒立起，爪子未张，獠牙未露。同时它们发出欢愉的声音——专属于这项活动的快乐声。我几乎需要用相机的慢镜头才能捕捉到这个复杂的时刻。我感受到了内心深处的触动，那是一种发自内心、纯粹而原始的兴奋。此刻，我的顿悟完全盖过了线性思维。仿佛某种神性精神注入到了这些伟大的猫科动物中，并以身体形式呈现出快乐精神。这些不仅是本能反应而已，还蕴含了某种内在的创造力。我想起海明威的《老人与海》中与巨大马林鱼斗争到极限的主人公。圣地亚哥所有关于风暴、大鱼、女性与斗争的梦消散殆尽后，仅留下狮群

在沙滩嬉戏的梦，这些群狮仿佛黄昏时分的猫。这就是玩乐的本质，即使其他一切都消失，它也不会改变。

在我观狮所在地几英里的地方的数百年前，我能找到这个答案。非洲大平原亦是现代人类的发源地。从化石记录、分子生物学和动物行为研究中，我们可以知道一个有趣的故事：热带雨林干枯成热带稀树草原后，原始人类从树上下来，开始直立行走。通过玩弄石头棍棒，以及在成年人的保护下一起玩耍，这些从塞伦盖蒂严峻气候变化中存活了下来的原始人类进化成了拥有更加灵巧的双手、更发达的色彩视觉与站立姿态的动物，但大脑里的变化更为重要。我们的灵长类祖先开始想象和表达想法，首先是体现在玩乐的动作，然后是在寻找猎物、可食用的尸体和有营养的植物时。久而久之，随着童年期玩耍时间的增长，这些灵长类动物学会了控制自己想要支配或斗争的倾向，开始懂得退让与照顾彼此。也是如此，他们发展出了智慧与生存技能。那些封闭不玩的个体无法分辨敌友，还会误读他人手势，会受到潜在伴侣的拒绝甚至陷入困境。于是这些不会玩的个体没能存活下来。而会玩的个体存活了下来，适应环境，并发展出先辈们永远无法想象的能力。

这也是为什么我在这样一个仍然有战争、苦难、报复、贫穷与灾难的世界，仍能看到希望。玩乐一直以来都是适应与生存的关键，我相信这一点在未来也不会改变。一位网络记者认为通过玩耍，我们能找到一个改变我们行为并更好地应对全球气候变暖的方式。事实上，一个国家的兴衰可能取决于它们是否能够尊重玩乐的进化特权。

我为什么会这样说呢？三个原因：社会、经济与个人层面。

玩乐为社会化合作创造了条件。它滋养了信任、同理心、关怀和分享等品质的根基。我们看到另一个人沮丧时，我们也会感到难过。儿童之间的游戏、运动和自由玩耍为我们理解公平正义奠定了基础。就像我和我的朋友们在芝加哥的街头所做的那样，孩子们为公平游戏的规则争论不休，并就什么规则适合手边的即兴比赛进行谈判。当运动和游戏均按规则进行，组织起来供人享受时，孩子们就会从中学到，作弊是错误的，尽自己最大的努力玩游戏才是最重要的。（尽管会有很多教练仍按文斯·隆巴迪的格言行事："胜利不是一切，而是唯一。"）

玩乐降低了社会的暴力水平，促进了沟通。例如，即使是社会或经济地位差异巨大的人们，也可以在谈论当地的球队时找到共同点。如果我们能够说服不同的、相互冲突的种族或文化群体的人一起玩，那么将会产生巨大的积极影响。

纳特·琼斯，这本书中的熟面孔，是一位被全世界一流赛车手追崇的长滩机械师。他关心边缘化的孩子（已建立一个专门的机构），利用游戏的技巧帮助他们敞开心扉、互相协作。他曾受邀至洛杉矶一所少管所，所里关押的是犯过重罪的少年犯。在没有得到孩子们口头同意的情况下，他把一个自己设计的德比赛车放到临时表演台上，开始在孩子们面前组装起来。刚开始，孩子们分为几队，每一个都冷漠地站着，摆着一副自己太酷，不适合学习的态度。渐渐地有一些孩子开始看他在干什么。当光滑、精巧的装置映入孩子们的眼帘时，他们慢慢走近并询问他在干什么。很快，他们就开始帮忙。最后，车子组装完成。纳特让最小的孩子——一个西班牙裔男孩，坐在驾驶座上，然后让一个中等个头但看起来跑得很快的白人小孩和一个非裔小孩在后面推。

他们玩得很开心。当车子以极快的速度下坡时，他们振奋不已。守卫们在一旁看得目瞪口呆。之后，他们告诉纳特，他们不敢相信他居然能让孩子们合作起来。他们说，一般情况下，不同种族的孩子之间甚至都互不说话。他们唯一的交流方式就是打架。有了这次经历，纳特开始带更多的车来让孩子们组装和竞赛。玩乐的本质，正如之前提到的北极熊和哈士奇的例子，超越了更具敌意与争夺的层面，改变了极度紧张和脆弱的少管所动态。一个即将刑满释放的孩子，甚至还要求多待一些日子，等待下一次的汽车组装和竞赛。

在成人世界，玩乐仍编织在我们的文化结构中。很大程度上，玩乐就是我们的文化，它以音乐、戏剧、小说、舞蹈、庆典和节日的形式存在。玩乐向我们展示了我们共通的人性，展示了我们如何能在需要与他人共处的社会结构中获得自由。玩乐是创新的起源，让我们能应对日新月异的世界。

在经济层面上，对于那些民众不仅仅是为了谋生而生活的发达国家，其兴衰取决于他们对玩乐的理解与实践的程度。这是因为曾经的知识经济正在被创意经济取代。20世纪早期，工业体系是不要求工人能够独立思考的。他们只是想要工人能够高效地重复着一成不变的流水线工作。随着其他国家也获得了承办工厂的能力，"工业化"国家意识到，如果要维持自己的生活标准，就需要人们更努力地工作，或者说是更聪明地工作。因为高质量的生活并非一周工作六天，每天工作十二个小时，大多数人想要以更聪明的方式进行工作。知识经济的基础是强大的教育体系、计算与分析能力。但你猜怎么着？事实证明，许多发展中国家亦有源源不断的聪明人。产品设计、软件编码、计算机处理器制造、市场分析等都可以出口到国外。

美国、英国、法国、德国、斯堪的纳维亚半岛国家以及日本等国家仍保留的优势是创新的能力——为人们甚至都没有意识到的自身存在的问题想出解决方案。经济保持强劲的国家是能够创造知识产权的国家，而这种创新能力很大程度上就取决于玩的能力。

过去几年里，我一直为高科技公司提供咨询，帮助员工通过玩乐提高创造力，这也是我玩乐活动的一部分。其中一家公司在海外有研发及其他创新工程实验室。最近我与一家全球工程公司的高管谈过，该公司在美国、捷克共和国和中国均设有实验室。他深信玩乐和创新不可分割，他还在中国沿海的一个岛屿上建立了"玩乐周"营地，并在捷克建立了类似的制度。中国工程师的士气和工作效率大涨，此后，玩乐和空闲时间中的创造发明得以整合到工作中。这些工作人员不仅工作做得更好，而且为设计问题提出了更有效的工作方法与更有创意的解决方案。有趣的是，捷克的工程师们并不喜欢额外的活动。他们已经有了自己喜欢的娱乐活动，任何工作之外的团体活动只会剥夺他们的娱乐时间。

美好生活

这个世界需要玩乐，因为玩乐能让每个人过上美好的生活。什么意思呢？我们需要什么来让生活变得有意义、充实而有价值呢？这是一个问题，也许这个问题一直贯穿在历代哲学家、艺术家、宗教领袖甚至是普通人的思想里。他们的建议、规则、方案与禁令，指导着人们的衣食、言思、信仰甚至死亡。

现在我来告诉你们我的想法。

关于如何过好生活，我的建议并不那么具体。我不会准确地告诉你，能做什么，不能做什么，能想什么，感受什么。对我而言，充实的生活就是我们按照真实的核心自我生活和成长，与我们的世界和谐相处。一个成功的生活就是我们能够满足自己的基本需求，并为他人做出贡献。当我们变得豁达时，我们就会感到幸福，在这种生活中，我们意识到自己正在积极地参与一些更伟大的事情——成为相爱的夫妇、朋友、家庭、知识、社会或精神团体中的一员。

　　当从生物学、进化论、心理学、个人经历以及圣人们的观点这些长远的视角看生活，我发现，玩乐对生活的各个领域都有至关重要的影响。正如之前章节所说的，我们天生就通过玩乐成长和发展。当然，食物、居所、睡眠和爱是我们最基本的需要，但即使我们只是为了简单的生存与繁衍，玩乐也能让我们达到更高的境界，获得新水平的收获、想象与文化。

　　如果我们玩得好，生活各个方面才会更好。一旦我们忽视了玩，就会出现问题。生活中一旦没有玩，人们的核心就不会轻松。玩给了我们处理悖论、模棱两可和宿命论的利刃。如果没有这些，我们就会像电影《安妮·霍尔》中的伍迪·艾伦一样说道："有什么用呢？不管怎样，五百亿年后太阳不还是会爆炸。"然而，过着好玩的生活，并不意味着总是选择最容易或者最好玩的道路。才华横溢的学者约瑟夫·坎贝尔，记录了不同文化、不同时代的人们是如何生活在共同的神话中的。他最有名的建议可能就是"追随你的天赐之福",但他也加以澄清,因为有些人会误以为要放弃让他们不快或厌恶的东西。我曾与坎贝尔密切合作过几年,他的先锋精神促成了诸多PBS(美国公共电视台)纪录片。他相信的是,人们应该找到生活中能够激发他们精神、能在最深层次与他们对话的道路。但坎贝尔也指出,这条路有时也会很艰难。"如果你的幸福只在于享乐和兴奋,那这条路肯定不对,"他这样说,"有时,痛苦也是天赐之福。"

我的一个朋友曾有过这样的经历:一个寒冷的早上,他跟着向导去潜水。划船出海时,船在波涛汹涌的大海中颠簸行驶,天空仿佛要下暴雨。我的朋友开始抱怨,表达对这寒冷、颠簸、潮湿的一天的不满。最后向导说:"乔希,你要知道,如果你不让自己经历一些不适,就永远不会有巅峰体验。"于是他停止了抱怨,开始用不同的眼光看待事物。是的,大海波涛汹涌,但大海也令人敬畏,小船在一股巨大的力量里摇晃。阴天里,他可以看到阳光透过云层的明暗对比,美丽非凡。他们俩投身大自然,在无人之境的水下六十英尺潜水。他的这次潜水体验非常好。

对我来说,我最好的记忆是一次打鸭子的经历,十月下旬的某个黎明,我与父亲、叔叔们在内布拉斯加州沿着普拉特河一路走。对于一个十二岁的小男孩来说,在一条流淌着冰凌的河流中徒手锚定鸭子是非常痛苦的。但是,在鸭子的眼皮下喝热巧克力、倾听翅膀的沙沙声等待天亮时,听大人们讲过去狩猎和家庭冒险的故事，这唤起了一种脚踏实地的快乐。虽然时移世易，我也不再喜欢打猎，但每每想起，我都能从中获得快乐。只要一听到加拿大鹅在卡梅尔河一年四季没有威胁意味的鸣叫，只要声音从山谷壁上回响，我就又回到了十二岁。

我现在经常的娱乐之一，就是沿着我家附近一条陡峭蜿蜒的道路骑自行车。我在芝加哥的南部长大，从未想过会在自己七十六岁的时候骑自行车环游一条满是红杉、月桂树、活橡树、蒙特利松和灌木丛的山路。所以这个场景是很新颖的，对我来说便是天赐之福。但上山的过程是缓慢而艰难的，毕竟不再年轻，我的身躯疲劳，大腿和肺都异常痛苦。然而，即使是爬上坡、喘着气、想着是不是我的刹车坏了（而不是老了的缘故），这个时候也特别令人振奋。山顶的召唤让我一下子走出了森林，看到通向海洋和林地的全景。每次骑行时的见识都有所不同，一切费力都很值得。滑行下山回家的时候，我的精神清晰、快乐，与身体、自然融为一体。

当翻阅神经科学文献时，我也有过类似的情感体验。比如意识到快速眼动睡眠和玩耍有相似的脑干进化生物学模式时，我恍然大悟。因此，骑行往返罗宾逊峡谷的身体体验，和久坐阅读的顿悟感受，都是我接近相同"状态"的玩耍。这就是玩乐的福祉。

* * *

教孩子最难的事情之一，就是如何克服困难和无聊，并从中找到乐趣。我九岁的孙子说"这次徒步旅行很无聊"，他喜欢玩电子游戏。但当我们继续往前走，他放慢了速度，开始注意到一些细节：一株四叶草、一只鹰叼着一条扭动的蛇、树上微风的窸窣声。大自然用所有新奇事物和奇迹激发着与玩乐相关的情感，根据孩子的气质和天生的好奇心量身定制，如果沉浸其中就能理解。孩子们可能正骑着自行车，看着一座小山说："我不想爬那座山，看起来太难了。"他们不知道的是，下山的旅程快乐而迅疾。因为我们以前体验过，所以知道下山的欢乐值得上山的努力。但他们只知道困难，这和他们理解工作的困难是一样的，但不用多久就能理解做好一件事是多么畅快。你必须克服不适才能找到乐趣，真正的玩乐甚至需要更多的耐心。

如果我们意识到并能够接受，在玩乐中可能会有一些不适，每种经历都有快乐和痛苦，那么，我们就把生活变成了一种玩乐行为。这并不是说幸福就等同于痛苦。我的看法是，追随幸福可能是困难的，可能你会感到苛刻和不舒服，甚至单调乏味，但这并不是真正的痛苦。最后，留给我们的是美好的感觉，比如我骑自行车或者打猎的记忆，远比玩乐时遇到的任何困难都要强烈。当我们意识到这一点并付诸行动时，高阶游戏即玩耍的黑带水平就出现了。只要我们的行动符合我们的核心真理，那结果一定会令人满意。当我们完全内化这种精神时，就会发现我们的工作就是玩乐，我们的玩乐就是工作，正如米切纳所说，我们就很难分辨清楚二者之间的区别。

玩乐的建议

说到这，我希望你已经认识到玩乐的重要性。现在唯一的"任务"，就是把玩乐更多地带回到生活中。之所以说"带回"，是因为我们小的时候几乎都是全身心投入的玩家。你只需要点燃一直在心中的火苗就可以了。那么，怎么去做呢？这是我经常被问到的问题，虽然我不喜欢列出所谓玩乐的规则，但我还是会提供一些指导性原则。

1. 看看你的玩乐史

回顾自己玩乐的主要目的，是让我们重新触及生活中曾经历的快乐时刻。从过去找到快乐，就走在再次创造快乐的路上了；还可以通过发现那些可能处于休眠状态或曾被忽略的天赋，指引我们获得自由流动的力量。

我们在这里回顾玩乐史，只是获取更完整玩乐史的开始。我希望这本初级读本能为进一步学习提供洞察力和动力。我根据那些想在生活中获得更多乐趣的人的采访发现，通常需要至少九十分钟的时间，在这期间要集中精力但情感开放、不慌不忙，这样才能取得积极的探索结果。

这不是小测验。探索玩乐史，是一段联通你的过去和现在的旅程。就像是一台时间机器，屏幕上展示你可能从未看清或提醒你早已忘记的事情。许多人发现，在探索个人玩乐史中，所提出的问题会比给出的答案多。是的，这样做的目标之一是在你的脑海中勾勒出一幅关于个人玩乐态度的抽象画，并用充满感情的场景给它们上色。因此，你现在对人、事和活动的感觉根植于你以前经历过的情绪，而这些早期的生活经历被自然地遗忘了。

开始这个练习的时候，你可以花些时间想想小时候做过什么让自己兴奋、快乐的事情。是看漫画书，还是建一个树屋，或者和爸爸、妈妈一起做东西？你喜欢和别人一起做这些事情，还是喜欢一个人或者两个人？真正让你感到"燃烧"的，是精神上的还是身体上的？试着记住你曾经有过的感觉，并重新捕捉它。作为这些记忆的一部分，那些画面如果涌进你的脑海里，就请放大它们，让自己与它们联结。看看你把那些纯粹的感情附在什么事物或者人上面？

有些人很难记住他们为了玩做了些什么，更别提记住那些他们真实体验过的细节。回忆并不容易，但值得花时间去做。因为这样可以帮助你了解自己独特的玩乐气质，以及随着成熟如何显现出来，从而开始去确定你在当前的生活中可以做什么，并重新创造出那种玩乐的感觉，从而确定符合文化规范和自身玩乐个性的活动。

练习的过程中，要拒绝判断或怀疑的想法。以下是一些初步的问题，用于盘点你的整个生活，并着眼于玩乐，寻找能增加快乐的方式：

你什么时候觉得可以自由地做自己想做的事？

那是你现在生活的一部分吗？如果不是，那是为什么呢？

你觉得在获得个人自由的道路上有什么障碍吗？

你现在是否认为，那些让你愿意投入最多精力的事情是毫不费力的？如果不是的话，你能回忆起是什么时候经历过这些的吗？请具体描述，想象那些能够这样让你全情投入的场景。

在你的记忆中寻找那些处于最佳状态的生命时刻（这些时刻通常是真实的玩耍时间，并为寻找现在的玩耍体验提供线索）。

什么阻碍了你在生活中玩乐？

有些玩乐活动如何以及为什么从你的生活中消失？

你是否发现了一些方法，可以让曾经失去的玩乐重新回到现在的生活？

你是否能想象和认为，那些最渴望和喜爱的东西就是应该拥有的东西？你觉得为什么是，或者为什么不是？

当你和配偶、家人一起玩时，你有多自由？又或者你将之当作一种身份责任的延伸了吗？

请审视你的工作，看看哪些部分与你的性格相吻合。如果你对工作不满意，或者正考虑在工作中做出重大改变，请诚实地告诉自己它是否适合。你是否能够想象自己在另一种环境中工作会更快乐？这种探索并不是一定要实践。毕竟，作为一个孩子，幻想和假想能增加精神储备的丰富性。同样的机制也可以被激活，并且大脑最终会帮助你塑造这些想象的情境，使之和实际相似。但如果没有与玩乐"状态"相关的情绪，这种情况就不会发生。

* * *

以下是我的两个朋友，他们的生活被玩乐史激活的例子：

劳埃德是我认识的一位医生，他发现自己最快乐的记忆是和母亲在厨房里做事。尽管家庭医生的工作很忙碌，但当开始做面包的副业后，他发现自己真的很喜欢做面包，并越来越被复杂的面包食谱所吸引。他把自己的"爱好"分享给了自己一个最好的朋友——米格尔。米格尔是当地的一名高中老师，也喜欢烘焙。于是，他们在地下室里安装了一个非常精致的炉子，并把烤好的面包送给朋友。朋友们都喜欢极了。在他们的朋友竞相告知咖啡店和餐馆后，很快这个地下室就发展成为一个面包工厂，一场事业随着对面包的吆喝展开了。

劳埃德和米格尔辞掉了他们的工作，买了一辆卡车，并真正地把制作面包当成一门生意。此后，劳埃德讲述了一个令人难忘的时刻。那是在一天清晨，他开着面包车去卵石滩旅馆送货，途中他把车停在一位曾经的同事旁边，这位同事是一名医学博士，正要去医院巡视。当看到劳埃德，这位同事满脸惊讶，但听了劳埃德的讲述后，他们彼此都笑到嗓子发哑。这个爱好变成了一种独特的权利和优势，发现了这个爱好的销售者售卖的不是面包，而是被完全展现的玩乐天分。因此，劳埃德有闲暇去追求他以玩乐为基础的梦想。长期以来，他一直是一位不为人知的遗传学学者，后来成为一名在大学里自学成才的研究型科学家，可以自由地选择自己的工作日程。米格尔则追求他对自行车比赛的热爱，现在他正指导一群有希望参加比赛的年轻选手。他们每个人都在情感上、经济上和身体上得到了回报。

2. 让自己沉浸在玩乐中

随时随地都有发现玩的机会。比如：给小狗扔网球；拉住小猫的绳子；在书店里看书。这是一条老生常谈的正确建议：停下来闻闻花香。

这个世界充满了幽默、欢乐、美好的事物和人。诀窍就是允许自己对这些敞开心扉，去感受几乎无处不在的幽默。当人们觉得自己应该严肃认真、富有成就的时候，就开始封闭自己、远离玩乐。（毕竟，我们都是成年人！）很快，他们甚至失去了简单的感受和欣赏美的机会。所有的行动都应该被当作在玩，就像一场高尔夫球比赛，可以被视为自我提高计划或以某种方式取得成功的机会。在狂风暴雨后，简单地花点时间深吸一口气或是踢一下树叶堆，也可以是一个私人的小游戏。当然，更有力量的是真正吸引我们参与的活动，比如趴在地板上和孩子玩积木。

我认识一个博士，叫弗雷德·唐纳森。作为一个教授，他想知道学生在生命的哪个阶段失去了学习的欲望。最终他发现，学习的热情在托儿所和幼儿园中仍然存在，但很快就被压制了。这一发现改变了他的生活。他辞去了教授的职位，把全部精力集中在理解玩乐和学习上。他通过"原创游戏"工作坊做出了很多贡献。

他的游戏工作坊因观众而异。在南非种族隔离制度结束之前，他让白人警察和来自索韦托的黑人孩子一起玩耍。结果受到游戏的推动，这样一个种族混合的团队一起参加了体育运动和游戏。这在当时是一种离经叛道。对于更传统的群体，他设计了一种技术，可以慢慢地把游戏信号变成焦点，从而让一群陌生人成为游戏伙伴。通常，"温柔"的目光接触是这一练习的开始，包括舞蹈动作、弯曲的手臂动作、一连串顽皮的嬉闹以及随之而来的笑声。（还记得我们在北极熊拉雪橇狗的游戏中，对曲线运动或者其他关于混战游戏的描述吗？）唐纳森是一个真正的创造天才，他把玩乐带到养老院、学校和气氛沉闷、缺乏合作的环境中。他在"原创游戏"中的指导改变了许多人的生活。

3. 允许自己去玩，去做一个玩的初学者

对于成年人来说，玩最大的障碍，可能是担心如果真正地玩耍会让自己显得愚蠢、不体面或像个傻瓜。又或者，他们会认为经常沉溺于玩乐是不负责任、不成熟和幼稚的。胡闹和傻里傻气对孩子们来说是非常自然的事，但是对成年人来说，则会被社会规范抨击、贬低成"轻浮"。特别是对那些将父母、教育系统或其他设定的表现标准和文化规范内化的人来说，他们不会质疑这

些评价。如果一个人在其成年生活中一直需要显得受人尊敬、有能力和知识渊博，那么他很难放手，得到身心自由。问题的关键是：你必须允许自己即兴发挥，去模仿和扮演一个隐藏已久的身份。让你的身体对从自然中学到的，但被长期压抑的教训做出反应。如果你不愿意尝试新颖的表达方式，不愿意被行动的快乐所推动，你就不能真正地启动自发性。玩是一种探索，意味着你将会去到从未去过的地方。

我的一个朋友丹尼尔，他已经有三十多年的滑雪经验，而且滑得非常好。但是，滑雪对他来说变得有点陈腐和老套，没有以前那么刺激了。因此，像很多人一样，他决定尝试一下滑雪板。也像很多人一样，在第一天的时候，他如果不抓住边缘，滑不出十米就会重重地摔在平整的雪地上。摔跤后，他甚至对脊柱承受了这么多的伤仍能正常运作感到惊讶。小孩子们在滑板上从他身边呼啸而过。这种情况下，许多人会放弃，回去滑雪。但是，丹尼尔坚持了下来。他不停地摔倒，但也不停地嘲笑自己看起来多么可笑，甚至当自己重重地摔了一跤时也会笑起来。慢慢地，在第一天结束的时候，丹尼尔已经掌握了滑雪板的窍门；到第三天，他已经学得相当好了。那种来自斜坡的刺激和挑战感也回来了。

他告诉我："再次做一个初学者真是让人感到糟糕透了，但除非你愿意这样做，除非你能让自己在尴尬的阶段仍然感觉良好，否则你无法成长。你会一直困在过去。"

4. 乐趣是你的北极星，但你不必一路向北

正如我之前指出的，外表是有欺骗性的。例如有人可能在打网球，但他们对每一分都非常较真，并反复思考那些糟糕的击球或策略。他们执着于胜利，如果没有赢就会把自己看成"失败者"。显然，这是一场网球比赛而非在玩。另外，也许有人正为挖地基而汗流浃背、气喘吁吁，但事实是他正在做自己最喜欢的家居装修。因此，寻找真正适合你的游戏时，最简单的方法就是它能让你体会到乐趣。

而寻找乐趣的诀窍在于，玩乐中真正转变的行为并非纯粹的乐趣。野营需要为旅行打包，然后再拆包。航海需要维护船只，有时需要抵御潮湿和寒冷。创作任何艺术作品都包括挫折的时刻。正如我所提到的，约瑟夫·坎贝尔阐述了"追随你的天赐之福"的重要性，但这并不意味着你只做那些能带来轻松乐趣的事情。如果你这样做，就是在欺骗自己。

5. 活跃起来

开启玩乐的最快方法之一就是做一些运动，动起来。如散步、做开合跳、给小狗扔个球（双人游戏）等。运动可能是最基本的玩耍方式了。当我们还在子宫里的时候，我们就开始运动了。当一个婴儿咧着嘴笑着爬起来时，你可以从他的脸上看到这小小的胜利所带来的纯粹快乐。还记得海鞘吗？它只有在行动时

才有大脑；而对于我们人类，这样的运动从根本上来说是愉快的。当身体活动时，我们感觉是活着的。

神经科学研究表明，感觉、知觉和运动的基础是紧密相连的，并且负责高级功能的神经回路，如计划和识别未来行动的后果，是需要运动的。我做的研究，关于女性通过耐力跑步成功治疗抑郁症的实验，证明了这一点。这项研究早于我对玩乐的关注，但回顾起来，它证实了运动和玩乐的力量可以慰藉一颗痛苦的心。通过跑步，这些女性感知到了活力和情感上的自信，而不需太多智力的参与。身体上的运动绕过了认知的障碍，建立了通往幸福的新的神经通路。

6. 摆脱恐惧

恐惧和玩乐是无法共存的。看看你的环境，哪些地方让你感到不安全。你的工作经常处于危机之中吗？你的身体在哪些情况下感到紧张？你的配偶或伴侣是否对你存有批判的态度，让你对于生活不敢充满期望？你是否害怕老板的报复，或者你天生就是一个容易焦虑的人？那就想办法找到安全的避风港。美国国家玩乐研究所顾问、儿童游戏方面的专家莉兹·古迪纳夫教授说，在个人发展过程中，我们都需要"秘密空间"；如果要适应一个充满挑战的世界，我们都需要安全独处的空间，并让自己沉浸在所需的幻想中。那么，去找到自己的秘密空间，并找出阻止你对玩乐产生信任和幸福感的原因。这并不总是一个简单和容易的任务。

但只有你检查和改变这些影响因素，你的生命力量才不会被困住。为了找到你的游戏，这些都是值得的。我们每个人都有玩的能力，当这种能力被重新发现时，它就具有了变革性。

7. 滋养你的玩耍模式，并与那些志同道合的人在一起

练习游戏，了解自己属于哪种类型的游戏者，并找到沉浸于玩耍的方法。这些不会自动发生。事实上，如果你已经失去了玩耍的习惯，就会有各种各样习惯的阻力和障碍阻止你玩乐。玩乐是一种滋养，但你必须抽出时间去进行，就像你必须抽出时间去吃饭一样。这并不意味着要把玩乐和快餐相提并论。如看电视情景喜剧通常算不上玩乐，除非你有一段时间没有笑过。不玩游戏应该被视为营养不良——这对你的身体和精神的健康都是一种风险。

警惕玩乐杀手。滋养玩乐的一部分是把你自己放在一个支持和促进玩乐的环境中。正如我刚才提到的，如果你处于谩骂或恐惧的环境中，无论是在人际关系还是在工作中，这样的环境就是非常明显的"玩乐杀手"。另外，如果你发现自己经常谈论或承担别人的麻烦，或者发现自己处于被动，只能倾听却不能做太多的改变，这种情况也是"玩乐杀手"。如果你在一段关系中，你的兴趣和想法没有被认真对待或欣赏，这段关系也是一个"玩乐杀手"。如果你周围的人无法理解你对玩乐的需求，那就找能理解的人。找到能够滋养你灵魂的玩耍方式，创造一个人们能够理解你需求的环境，并将其作为保持玩乐的优先事项。

生活中的玩乐

博文·怀特是一位医学博士，压力医学的杰出先驱。在医生朋友帕奇·亚当斯的偶然建议下，怀特发生了改变。战争结束后，怀特前往萨拉热窝执行慈善任务，帕奇让他穿上小丑服为受伤的和失去父母的儿童服务。令怀特惊讶的是，在向需要帮助的孩子们，也向其他观众讲述和展现了他以人道主义为基础的医疗上，他发现了这个自然的通道。这个通道让他发现自己身上有一种戏剧个性，这种个性自他大学时的表演起就一直潜伏着。

除了人道主义追求，怀特开始通过设立一个舞台节目来获得和服务更广泛的专业观众。开始时，他会做一个关于压力的生理影响的正式报告，然后因"安排的紧急情况"被会议组织者"叫走"。很快，他就会穿着一套怪异的小丑服装，出人意料地以叶尔科医生的身份出现在严肃的会议上（"那是叶尔科，你们这些笨蛋"），观众完全认不出他是先前发言的专业医生了。怀特有一种天赋，能在这种伪装下最有力地表达人类状况的真相，在这个过程中，他创造了出人意料的戏剧场景，将他的研究牢固地刻在观众的脑海中。

怀特在商业会议上通常收取数千美元的费用，但他依旧定期为世界各地的弱势儿童进行慈善工作。最近，怀特和帕奇一起访问了萨尔瓦多的一家孤儿院和附属儿童医院。从多方面来看，这是一个令人悲伤的地方——一个收留有疾病的和被遗弃的孩子，但被忽视、资金不足的地方。怀特和帕奇首先作为医生进行相关工作，然后，他们施展魔法，让孩子们为两个美国医生和一群穿着奇装异服、有着大红鼻子的小丑护士鼓掌大笑。孩子们不会说英语，小丑们也不需要说西班牙语。但是，喜剧和戏剧是一种通用语言，适合所有文化、所有年龄层。很明显，到访问结束的时候，大家的心被彼此感动了。

在孤儿院当天的活动中，怀特抱着并亲吻了一个婴儿。当被问起来那里的动机时，他看着我说了一句令我难忘的话。他说，"我这样做真的是出于私心的，我需要这种联结。这种联结你不必非得到圣萨尔瓦多去体验。游戏和爱在最深处连接着人们。游戏让我进入这种情境。游戏并不能解决我们在这个世界上看到的所有苦难、不公或困境，但当你经历它，尤其是和孩子一起，它能打开你的心扉，让你看到深层次的东西。游戏可以帮助你重新获得孩子的赤子之心，更好地处理面临的问题和挑战。"对我来说，这触及到了问题的核心。玩乐是我们生成、发展和适应的方式。它可以促进创新，甚至带来数十亿美元的财富。但最重要的是，玩乐让我们表达快乐，并与自身、他人深刻地联结。如果你的生活变得"贫瘠"，玩乐会让它重获生机。是的，正如弗洛伊德所说，生活就是爱和工作。而玩乐超越了这些，赋予它们活力，让时间之箭静止。玩乐是爱最纯粹的一种表达。当更多的人提升玩乐在生活中的位置，世界会变得更加美好。

图书在版编目（CIP）数据

我们为什么要玩:玩是如何重塑大脑,激发想象力
和改变自我的/（美）斯图尔特·布朗（Stuart Brown），
（美）克里斯托弗·沃恩（Christopher Vaughan）著；
郭怡,朱秋锦译.--重庆:重庆大学出版社,2022.10
（鹿鸣心理.心理自助系列）
书名原文:Play:How it Shapes the Brain, Opens
the Imagination, and Invigorates the Soul
ISBN 978-7-5689-3419-0

Ⅰ.①我… Ⅱ.①斯… ②克… ③郭… ④朱… Ⅲ.
①心理学 Ⅳ.①B84
中国版本图书馆 CIP 数据核字（2022）第 146635 号

我们为什么要玩：玩是如何重塑大脑、激发想象力和改变自我的
WOMEN WEISHENME YAO WAN: WAN SHI RUHE CHONGSU DANAO JIFA XIANGXIANGLI HE GAIBIAN ZIWO DE

【美】斯图尔特·布朗（Stuart Brown）
　　　　　　　　　　　　　　　　　　　　　著
【美】克里斯托弗·沃恩（Christopher Vaughan）
郭　怡　朱秋锦　译

策划编辑：敬　京
责任编辑：敬　京
责任校对：夏　宇
责任印制：赵　晟
*
重庆大学出版社出版发行
出版人：饶帮华
社址：重庆市沙坪坝区大学城西路21号
邮编：401331
电话：（023）88617190　88617185（中小学）
传真：（023）88617186　88617166
网址：http://www.cqup.com.cn
邮箱：fxk@cqup.com.cn（营销中心）
全国新华书店经销
印刷：重庆市正前方彩色印刷有限公司印刷
*
开本：720mm×1020mm　1/16　印张：13.5　字数：140千
2022年10月第1版　2022年10月第1次印刷
ISBN 978-7-5689-3419-0　定价：56.00元